Por Segunda Vez

Esperanza Para el Descarriado

Joaquin Ramos Jr.

Creative Force Press

Creative Force Press

Por Segunda Vez
© 2014 Joaquin Ramos

Este título esta también disponible en e-book. Visite
www.CreativeForcePress.com/titles para más información.

Published by Creative Force Press
4704 Pacific Ave, Suite C, Lacey, WA 98503
www.CreativeForcePress.com

Biblias: La Biblia de las Americas, (1991-2001) The Lockman Foundation; La Habra, CA. Nueva Biblia Latinoamericana de Hoy, (2005) The Lockman Foundation; La Habra, CA.

ISBN: 978-1-939989-10-9

Printed in the United States of America

DEDICACIÓN

Dios es soberano en mi vida y es el que me inspiro para escribir este libro por la cual le doy toda la gloria, la honra y el honor. También deseo dedicar este libro a mi amada esposa, Naomi Ramos quien por más de 34 años ha sido mi ánimo, consuelo, gozo, motivación, inspiración y ayuda idónea. Doy gracias a Dios por bendecirme con tal hermoso regalo.

CONTENIDO

_____

INTRODUCCIÓN

———————

La noticia se riega a través de la congregación. Muy pronto, por medios desconocidos, encontramos que aún la comunidad que rodea el templo se ha enterado de lo ocurrido. Algunos quedan perplejos mientras otros comentan en forma burlesca. Por un lado hay quienes hablan del asunto con satisfacción; como si esperaban con ansiedad que esto ocurriera. Por otro lado, hay quienes muestran sentimientos de dolor y confusión como si se encontraran en un laberinto sin saber los motivos y soluciones. Todos están de acuerdo de un hecho. La iglesia ha sido traicionada, conmovida y casi destruida. Aquellos que aman a Dios y la congregación toman medidas para volver al orden y levantar nuevamente la reputación. Algunos proceden a hacer acusaciones, otros tratan de justificarse acudiendo a las excusas, mientras otros asumen la culpa como si ellos hubiesen sido los que fallaron. Solo por la gracia de Dios es que será posible que la congregación vuelva a su primera gloria. El pecado cometido es muy grande para olvidarse tan pronto. ¿Será posible que se pueda olvidar?...

Un tiempo ha pasado. La iglesia lucha por levantarse. Todo parece haber vuelto a la calma y comienza a florecer cuando de pronto aparece, la misma persona que causó caos en la congregación, ha tomado la decisión de regresar a la iglesia. Lleva en su corazón un espíritu de admisión de su pecado y reconciliación. Hay un genuino deseo de pedir perdón a Dios y a la congregación. El lleva en su mente el deseo de unirse a la iglesia en su lucha por la salvación de otros. No obstante, para la congregación, su regreso solo trae a la memoria indeseables recuerdos del pasado. ¿Será posible que se pueda perdonar a quien hizo tanto daño a la iglesia? Supongamos que le perdonen. ¿Será posible que haya para él oportunidad de salvación? Y si se salva, ¿Hasta qué punto puede participar en las actividades y el plan de trabajo de la iglesia?

Muy a menudo se repite la historia antes mencionada. Hay algunas historias que no son tan dramáticas mientras puede que hayan otras, que en comparación, puedan considerar lo anterior muy simple. No importa cual sea el caso, el problema del descarriado o apartado es uno que ha cobrado grandes proporciones dejando a las iglesias en muchas ocasiones sin respuesta alguna. Actualmente, cabe la posibilidad de que si usted sale a evangelizar en su vecindario encontrará que un gran número de las personas visitadas, en algún momento, disfrutaron de la comunión de los santos y luego se apartaron. La verdad es que en muchas iglesias se les hace más fácil recibir: a un asesino, o adultero, o ladrón, o mafioso, o miembro de alguna ganga, o droga-adicto, o pendenciero, o violador de mujeres o cualquier otro pecado significante; que no ha recibido a Cristo anteriormente y se convierte, que recibir a un descarriado. Es por esta razón que me sentí motivado a buscar en la Biblia respuestas sobre este asunto de tanta importancia. Lo siguiente es el resultado de un estudio intenso, al cual me sometí en oración y ruego, creyendo que Dios en Su bondad revelaría la verdad a través de Su Palabra.

En el primer capítulo definimos el termino de descarriado y la diferencia entre una persona que nunca ha conocido el camino del evangelio y un descarriado. Luego procedemos en los siguientes capítulos a mirar las diferentes creencias que han prevalecido en muchas de nuestras iglesias con relación a los descarriados y cuál debe ser nuestra conducta alrededor de ellos. Vemos en las escrituras, tanto en el Antiguo Testamento como en el Nuevo Testamento, cómo Dios percibe al descarriado y lo trata, cuando este reconoce su condición y decide retornar a Él. Los capítulos que siguen este exegesis de la palabra, tratan de presentar la posibilidad de malentendidos sobre este tema y clarificamos lo que deseamos decir. Luego hablamos sobre los principios eternos de gracia, verdad, tiempo y perdón y como esto se aplica a la situación del descarriado. Intentamos presentar un proceso de restauración de acuerdo a lo presentado en la palabra. Terminamos con una advertencia sobre el peligro que corre el descarriado y una invitación a cualquier persona que se haya descarriado, a que regrese a los brazos de nuestro Señor quien lo está esperando con sus brazos abiertos y con gran amor.

Después de cada capítulo encontrara una sección de reflexión. El propósito de esta sección es para que usted pueda estudiar el tema individualmente al igual que en grupos pequeños de hogares o en un estudio bíblico que se de en la iglesia. Deseo animarle a que considere en oración el uso de esta sección para un estudio más profundo de este tema. La biblia nos dice en Oseas 4:6: *"Mi pueblo es destruido por falta de conocimiento"*. (NBLH) Creo que esta es una buena oportunidad para orientar al pueblo de Dios y hacerle consiente de este tema.

Le suplico que lea este libro en su tiempo de meditación o en estudio bíblico. Pero sobre todo, trate de mantener un espíritu de oración y una mente abierta para entender y realizar las verdades que la Biblia nos quiere revelar. También deseo que si usted conoce a algún descarriado que está en las mismas condiciones descritas en este libro, vaya orando por esa persona mientras lee el libro.

Es mi plegaria que este libro sirva de inspiración a muchos, que muchos hijos pródigos tomen la decisión de regresar al hogar y que sean recibidos POR SEGUNDA VEZ.

10

1

VAMOS A DEFINIRLO

"La Palabra del Señor vino por segunda vez a Jonás..."
– Jonás 3:1

¿Qué significa el descarriarse o apartarse? Es bien significativo lo que encontramos cuando decidimos definir estas palabras. En el Diccionario "El Pequeño Larousse" la palabra "Apartado" está definido como: retirado, distante, remoto y desviado. La palabra "descarriado" está definida como, "separado del carril o camino", "apartar cierto número de carneros de un rebaño," "apartarse", y "alejarse". En el Diccionario Exhaustivo Vine es definido como: "extraviar", errar, engañar, conducir al error, salirse del camino, cualquiera que se rebela. Para efectos de nuestro tema, puedo definirlo de la siguiente manera:

Una persona que en una ocasión formó parte de la familia de Dios a través del arrepentimiento y luego de haber sido participe de los beneficios y herencia que como hijo o hija tiene derecho a participar, por medio del pecado, se separa de la familia de Dios.

Es importante notar que el pecado es lo que cualifica a esa persona como descarriada o apartada.

Lo antes descrito es un fenómeno que está ocurriendo con mucha frecuencia. Muchas iglesias no se dan cuenta en muchas ocasiones debido a que, en la mayoría de los casos, la gente está tan ocupada en si mismos que no se dan cuenta cuando alguien deja de venir a la iglesia y vienen a notarlo cuando ya es muy tarde. La escena presentada en la introducción surge cuando las personas que cometen tal pecado, son personas que han estado envueltas dentro de la iglesia de tal modo que han ejercido suficiente influencia para que la gente note su ausencia o se de cuenta de sus acciones. De todos modos, el que esto esté ocurriendo con tanta frecuencia en nuestras iglesias debe ser motivo de preocupación.

Aunque el éxodo parece ser más frecuente en jóvenes entre las edades de 12-25 años, tenemos que admitir que esto ocurre en todas las edades. Aunque se espera que haya mayor fidelidad en aquellos que han estado mayor tiempo en El Camino, la realidad es que años de servicio en la iglesia no garantiza que esto no ha de ocurrir. También es de esperarse que aquellos que ejercen posiciones de liderazgo den mayor ejemplo de fidelidad y perseverancia, pero la historia nos ha mostrado que liderazgo y responsabilidades no garantiza tampoco que esto no ha de ocurrir. Es decir, tanto usted como yo somos candidatos potenciales de desertar a Dios mientras haya vida en nosotros. Yo entiendo que esto es un poco fuerte de admitir. Nuestra relación con Dios puede ser tan profunda que en nuestra mente no damos cabida a dichas posibilidades y eso es excelente. Si eso es su caso, mi recomendación es que continúe cultivando tal relación, pues si se descuida y deja de cultivar esa relación, entonces usted se convertirá en un blanco para ser envuelto en las artimañas de Satanás. He ahí el peligro. La Biblia dice en 1 Corintios 10:12 *"Por tanto, el que cree que está firme, tenga cuidado, no sea que caiga"*. Yo recuerdo que en una ocasión asistí a una conferencia sobre casos de violación de mujeres. La conferencista mencionó algo que no me agradó. Ella dijo que todos los hombres que había en el auditorio eran violadores potenciales de mujeres. Al momento de escucharlo, no podía creer lo que oía pues esa posibilidad nunca había pasado por mi mente. Luego que reflexioné por un momento y medité en las palabras dichas, entendí lo que ella quiso decir. Potencialmente tenemos la habilidad de violar mujeres. Solo nuestro acto de voluntad y nuestra educación moral nos induce a no desarrollar lo que potencialmente somos capaces de hacer. El haber conocido a Cristo y decidir vivir conforme a la Palabra nos impide también el no desarrollar lo que potencialmente somos capaces de hacer, pues no lo hacemos mientras nos mantengamos viviendo conforme a la Palabra. No obstante, esto es una decisión que debemos tomar diariamente para que estas posibilidades de pecar lleguen al punto de extinción en nuestras vidas. El apóstol Pablo nos habla de esta lucha con nuestro hombre interior cuando dice en Romanos 7:18-20:

"Porque yo sé que en mí, es decir, en mí carne, no habita nada bueno; porque el querer está presente en mí, pero el hacer el bien, no. Pues no hago el bien que deseo, sino que el mal que no quiero eso practico. Y si lo que no quiero hacer, eso hago, ya no soy yo el que lo hace, sino el pecado que habita en mí".

Más adelante él explica que solo la gracia de Jesucristo nos libera o protege de este cuerpo de muerte (Romanos 7:25) y luego nos introduce al Espíritu Santo como nuestro auxilio en esta lucha interna por la cual todos pasamos. (Romanos 8:1,2) Lo que podemos concluir es que solo la gracia y la presencia del Espíritu Santo en nuestras vidas son la garantía por la cual no caeremos en pecado. Mientras estamos aferrados a Su gracia y permanecemos llenos del Espíritu Santo, reconociendo que Su poder se perfecciona en nuestras debilidades (2 Cor. 12:9) podemos tener la seguridad de que *"...No hay ahora condenación para los que están en Cristo Jesús"*. (Rom. 8:1) El problema surge cuando en nuestro diario vivir comenzamos a perder de vista esa gracia con que hemos sido salvados y esto es posible que ocurra si nos descuidamos.

La Condición del Descarriado

En el ejemplo hipotético presentado en la introducción señalamos algunos efectos negativos que el descarriado deja en la congregación. No obstante, no podemos ignorar los efectos negativos que también ocurren en la vida del descarriado mismo. En 2 Pedro del verso 9 en adelante aparece una víva descripción de la condición de una persona que se aparta del Camino. Pedro los describe como:

1. atrevidos,
2. obstinados,
3. blasfemos de lo que ignoran,
4. sufren el mal como pago de su iniquidad,
5. se deleitan en andar en placeres disolutos,
6. se deleitan en sus engaños,
7. sus ojos están llenos de adulterio,
8. nunca cesan de pecar,
9. seducen a las almas inestables,
10. llenos de avaricia,
11. hijos de maldición,
12. manantiales sin agua,
13. bruma impulsada por una tormenta, etc.

Es necesario aclarar que no todo el que se aparta llega a tal grado de perdición. Todo depende de muchos factores circunstanciales que solo pueden aplicarse a casos

14

individuales. Podemos decir, sin lugar a dudas, que cuando una persona se aparta del Camino, su conducta reflejará una o varias, sino todas las condiciones, de la descripción antes mencionada. No obstante, en el verso 19 encontramos una característica que si se aplica a todo el que se aparta. El apóstol Pedro los llama "esclavos de corrupción". Es interesante notar que Pedro no se detiene ahí. En el verso 20 él procede a explicar el porqué el descarriado se conduce de esa manera. El señala que dado el hecho de que se ha dejado vencer por la corrupción, su postrer estado ha venido a ser peor que antes de haber aceptado a Jesús como Señor y Salvador de su alma.

En Mateo 12: 43-45 el Señor Jesús hace mención de lo que Pedro habla en su carta al señalar que cuando una persona es liberada, los demonios se apartan de esa persona. Más cuando esos demonios regresan y toman posesión nuevamente, ellos regresan con siete demonios más. Si consideramos lo antes dicho, tenemos que concluir que la condición del descarriado es indeseable, miserable y digna de compasión. La pregunta que deseo considerar es la siguiente: ¿Tendrá esta persona oportunidad de Salvación? Para contestar esa pregunta, se hace necesario analizar lo que he escuchado de otros decir al respecto y luego ver como Dios lo ve. Esto lo veremos en el siguiente capítulo.

REFLEXIÓN

1. Lea la definición que el capítulo ofrece sobre el descarriado. ¿Conoce usted alguna persona cuya vida es descrita en esta definición?

2. Haga una lista de esas personas y comience a orar por ellas por unos minutos.

3. Wayne Cordeiro en su libro "Jesús, Puro y Simple" dice: *"Por nuestra cuenta, nos descarriamos como una chiringa sin cuerda o una hoja en una tormenta"*. Léase Isaías 53:6. Mencione algunos momentos en su vida en que usted mismo o misma se ha considerado haberse sentido apartada del Señor. ¿Cómo se ha sentido? ¿Qué ha hecho para regresar a su intimidad con Cristo?

4. ¿Qué piensa usted de los descarriados?

2

¿HABRÁ OPORTUNIDAD DE SALVACIÓN?

"Pero Yo he rogado por ti para que tu fe no falle..."
– Lucas 22:32a

Un amigo y compañero en el ministerio me relató en una ocasión la historia de un joven, amigo suyo, a quien él apreciaba mucho. Este le había confesado que él creía que la persona que viene al Camino del Señor y se aparta luego, no tiene más oportunidad de salvación. Más tarde, este joven se apartó del Camino. Ahora se encuentra atrapado por su confesión pues él aún cree que Dios no podrá perdonarlo de nuevo. En otra ocasión escuche a un predicador decir desde el púlpito que él creía que el que se aparta, después de haber servido a Dios como ministro del evangelio, puede que se salve pero sería aceptado en la iglesia con la condición de que venga a sentarse y adorar con los demás para que sea salvo así como por fuego. (1 Cor. 3:15)

Un año pasó y ese mismo predicador cometió adulterio. Sé

de otro joven en el cual Dios hizo un cambio radical en su vida cuando le dio su corazón. Luego de haber servido a Dios por algunos años, y comenzar a predicar en una comunidad con el fin de establecer una congregación nueva, se apartó del Camino. Mientras se mantuvo viviendo en pecado, Satanás lo envolvió hasta el punto de divorciarse y casarse con otra joven. No obstante, él estaba llevando una vida miserable ya que el Espíritu Santo constantemente le insistía que regresara al Camino. En ocasiones, cuando iba a la taberna para tomar licor con sus amigos, empezaba a hablar y cuando menos lo esperaba, terminaba predicando a sus amigos. El llamado de Dios fue tal que no pudo resistirlo más y se rindió a los pies de Cristo en llantos. Cuando su segunda esposa se enteró de su decisión, no quiso seguirlo y al poco tiempo le presentó carta de divorcio. Al encontrarse solo, regresó a su primera esposa quien había permanecido sin casarse. Se casaron y ahora han dedicado sus vidas completamente al servicio del evangelio. Sin embargo, él ha tenido dificultades pues muchas personas en el núcleo de la iglesia, no aceptan que él pueda ser usado por Dios en el ministerio después de haberse apartado del Camino. Mucho más que eso, se les hace difícil aceptar que él ministre la Palabra cuando en su pasado hay una nota discordante y es que se divorció en dos ocasiones. Conozco otra persona que cuando andaba en el Camino con Cristo, llegó a ser un misionero con gran éxito. Hoy esa persona está apartada y él manifiesta que dentro de su corazón él desea regresar pero no lo hace por temor a no ser aceptado por la iglesia.

Usted pensará que estas son excusas mal infundadas y puede que usted tenga razón. No obstante, es necesario que se analice y se considere la mentalidad detrás de lo que muchos creyentes sostienen, para ver si en realidad dichas excusas tienen fundamento o no. Vamos a mirar el pensamiento teológico que ha permitido que estas personas antes mencionadas actúen como lo hicieron.

Interpretación Bíblica

El concepto de que el descarriado no tiene oportunidad de salvación es basado generalmente en lo que dice el escritor de los Hebreos. En Hebreos 10:26-31 dice de la siguiente manera: *"Porque si continuamos pecando DELIVERADAMENTE después de haber recibido el CONOCIMIENTO de la verdad, ya no queda sacrificio alguno por los pecados, sino una cierta horrenda expectación de juicio, y la furia de un fuego que ha de consumir a los adversarios. Cualquiera que viola la ley de Moisés muere sin misericordia por el testimonio de dos o tres testigos. ¿Cuánto mayor castigo pensáis que merecerá el que ha hollado bajo sus pies al Hijo de Dios Y ha tenido por inmunda la sangre del pacto por la cual fue santificado, y ha ultrajado al Espíritu de gracia? Pues conocemos al que dijo: Mía es la venganza, yo pagaré. Y otra vez: El Señor juzgará a su pueblo. ¡Horrenda cosa es caer en las manos del Dios vivo"*!

La interpretación popular de muchos acerca de este pasaje es que cuando una persona viene al Camino de verdad y se une a la familia de Dios, la sangre de Cristo le limpia de todo pecado. Más cuando esa persona retorna al camino de maldad, entonces no queda más sacrificio por sus pecados sino una horrenda expectación de juicio y furia de un fuego consumidor. Por consiguiente, el que se aparta no tiene oportunidad de retorno sino esperar juicio. Yo tengo dificultad con este pensamiento teológico. Pues contradice lo que vemos en otras partes de las Escrituras acerca del trato de Dios con el hombre. Para que podamos tener una idea clara de lo que un pasaje bíblico significa, es necesario que se busque el contexto en la Biblia y el trasfondo histórico y cultural, el cual nos revelan el porqué dice lo que dice.

C.I. Scofield, en los comentarios que hace en la "Biblia Anotada de Scofield" (edición 1966) señala que *"el propósito de la Epístola a los Hebreos fue el de confirmar en la fe a los judíos cristianos demostrándoles que el judaísmo había llegado a su fin cuando Cristo llevó en sí mismo el propósito de la ley"*. El libro de los Hebreos tiene algunas secciones que Scofield llama "pasajes exhortatorios" donde el escritor tiene en su mente el perenne peligro a que están expuestos los judíos cristianos de regresar al judaísmo o de no poseer la verdadera fe en Jesucristo. El pasaje en cuestión es considerado como un pasaje exhortatorio. Por lo tanto, cuando el escritor de los Hebreos dice: *"...no queda más sacrificio por los pecados"*, él se refiere al hecho de que el sacrificio de Cristo es el único en su capacidad para remitir pecados y fuera de ello no hay nada más.

Con esto, el escritor invalida la efectividad de los sacrificios judaicos que, de acuerdo a los judíos, son hechos para obtener perdón singularizando así el sacrificio de Cristo como único en esa capacidad. El rechazar el sacrificio de Cristo, después de haber tenido conocimiento de su poder para salvar, trae como consecuencia "una horrenda expectación de juicio y de la furia del fuego" que consume. En otras palabras, este pasaje no dice que el sacrificio de Cristo es efectivo solo cuando se aplica una vez y nada más, sino que habla de su exclusividad en su poder de redención. Esto es lo mismo que el Apóstol Pedro dijo al Sanedrín cuando su mensaje fue confrontado: *"Y en ningún otro hay salvación, porque no hay otro nombre bajo el cielo dado a los hombres, en el cual podamos ser salvos"*. (Hechos 4:12) Esta verdad no solo es aplicable para aquellos que se apartan del Camino sino también para los que nunca han aceptado a Cristo como Señor y Dios. Fuera de Cristo, no hay salvación.

Nótese que al escribir el verso, yo puse en letras grandes las palabras "deliberadamente" y "conocimiento". Estas palabras son significativas porque describen las condiciones por las cuales este verso pueda ser aplicable o no, a un individuo. Es decir, para que este verso se aplique a un individuo, es necesario entender que dicha persona ha tenido la oportunidad de conocer y analizar el plan de salvación y luego ha decidido rechazarlo deliberadamente. Esta persona debe haber sabido y entendido que Jesús es ofrecido como el camino de salvación para su vida y él decide voluntariamente y con pleno conocimiento de lo que su decisión implica, el rechazar el evangelio. Por ejemplo, en una ocasión yo estaba escuchando un programa radial donde estaban un ateo y un creyente debatiendo sobre la existencia de Dios. El debate fue informativo e interesante. De todo lo que se dijo, hubo una cosa que me llamó la atención y fue la confesión del ateo. Él dijo que aunque hubiera evidencias científicas y visibles que probaran la existencia de Dios, él no sería convencido ya que él sabía que para aceptar la existencia de Dios se requiere creer y él no cree en Dios. Ahora, usted debe estar de acuerdo con el ateo de que para que Dios pueda revelarse a una persona de manera personal y que éste lo entienda así, es necesario que esa persona crea. La Biblia dice que, *"porque por gracia sois salvos, por medio de la fe..."* (Efesios2:8)

Éste ateo sabe y entiende que es por medio de la fe que conocemos a Dios y él deliberadamente ha decidido no creer. Es triste admitirlo, pero mientras este ateo asuma esa actitud ante Dios, la Biblia dice que a él le espera una horrenda expectación de juicio y la furia del fuego que consume. No es que a él se le ha negado la oportunidad de ser salvo sino que él deliberadamente y conscientemente rechazó esa oportunidad que se le dio. Por cuanto no hay otro medio de salvación, al rechazar el único medio que existe para ser salvo, no queda más sacrificio por sus pecados sino juicio eterno. Esto mismo puede ocurrir con un descarriado. La única diferencia está en el hecho de que el conocimiento del descarriado es aún mayor que el del ateo, antes mencionado, pues no solo conoce el plan de salvación sino que ha participado del plan de salvación experimentando el cambio de vida que Cristo ofrece. Yo pienso que en este caso, el castigo del descarriado será en mayor proporción que el del ateo ya que la Biblia dice en Lucas 12:48 *"...A todo el que se le haya dado mucho, mucho se demandará de él; y al que mucho le han confiado, más le exigirán"*.

Esto no significa que todos los que se descarrían han de rechazar a Dios para nunca más regresar al camino deliberadamente. De la misma manera que no podemos decir que todo el que es ateo no ha de ser salvo porque éste ateo decidió no creer. Tampoco podemos concluir que todos los descarriados no han de retornar a Dios porque algunos hayan decidido no responder más al llamado de Dios. Con esto concluimos que éste pasaje solo defiende la singularidad de la sangre de Cristo como único medio de salvación. De ninguna manera implica que la sangre de Cristo pierde poder para salvar a un descarriado, aun cuando éste decide regresar al Camino que dejó. Como dice Andrae Crouch en su canción, "La Sangre de Cristo": Esa sangre nunca perderá su poder. Solo usted puede o no, experimentar ese poder. Todo depende si usted le permite obrar en su vida.

Salvo Como por Fuego

La interpretación de 1 Corintios 3:15 que el pastor le diera para referirse a un descarriado que regresa a Cristo, fue un engaño de Satanás de creer que Dios no puede usar más a una persona en el ministerio después de haberse apartado. Me imagino cuantos hay hoy en día deseando trabajar para el Señor pero debido a esa mala interpretación de las escrituras, no se han atrevido a responder al llamado de Dios, para servir en la capacidad que Dios les había llamado anteriormente. Yo sé que estoy pisando en terreno sagrado aquí, pues esto es algo que es creído por muchos en el mundo del cristianismo.

Primeramente, necesitamos entender lo que este pasaje de la Biblia nos está diciendo. El apóstol Pablo, hablando a los Corintios, se está refiriendo a las obras que hacemos después de haber recibido a Cristo. En el versículo 8 de ese capítulo dice que, *"cada uno recibirá su recompensa conforme a su labor"*. (RVA) En otras palabras, que Dios ha de recompensarnos por lo que hacemos por él después de haber sido salvos. Es decir, que la salvación y lo que hacemos son dos cosas diferentes. Somos salvos por gracia y lo que hacemos no nos quita la salvación ni nos hace más salvos. Es un regalo de Dios independientemente de lo que hagamos por Cristo después de haber sido salvos. Por lo tanto, es posible que usted reciba a Cristo y la Biblia nos asegura que usted es salvo. Pero cuando Dios le invita a que le sirva usted decide no responder a Su llamado o decide servirle con condiciones. Sea la clase de obras que usted haga o no haga, Dios ha de recompensarle por lo que usted hace por Su causa, pero lo que usted hace o no hace para Dios, no cambia el hecho de que usted ha sido salvo. Simplemente usted no tendrá la oportunidad de conocer a Dios en una dimensión mayor de lo que Dios es capaz de hacer con el creyente que por agradecimiento a Su regalo de salvación, responde a Su llamado y le sirve. Su experiencia de Dios es limitada pues lo que hace o no hace es puesto a prueba y el resultado será que usted no tendrá nada que demuestre que usted le sirvió y respondió a Su llamado. Las pruebas que usted pasa revelaran el grado de madurez de su vida con Dios y no si ha de ser salvo o no. Por lo tanto, no hay versos en la Biblia que impidan a una persona que ha estado sirviendo al Señor en capacidad de ministro o evangelista o lo que sea y se aparta que no pueda regresar a servir a Dios con mayor unción. En Romanos 11:29 nos dice que, *"los dones de Dios y su llamado son irrevocables"*. (NTV) Es decir que si una persona que ha estado en el ministerio se aparta de Sus caminos y luego regresa, Dios puede seguir usándolo y aun con más unción. Es posible que la persona haya abandonado su responsabilidad debido a su estado de descarriado, pero el amor de Dios hacia esa persona no cambia y cuando regresa, su llamado permanece igual disponible para que Dios continúe usándolo para Su gloria.

En el próximo capítulo estaremos viendo cómo Dios percibe al descarriado y que dice la Biblia al respecto.

REFLEXIÓN

1. Lea Lucas 15. En este capítulo vemos que Cristo identifica 4 tipos de perdidos. Esta el perdido que no sabe que está perdido. Luego vemos el perdido que sabe que está perdido pero no sabe cómo regresar al redil. Además, está el perdido que sabe que está perdido y toma la decisión de regresar al hogar. Por último, está el que está perdido dentro de la casa. Favor de determinar que parábola representa cada perdido. Luego describa personas que usted conoce y que pueden estar representados en uno de esos tipos de perdidos y porque usted cree que es así.

2. Lea los pasajes discutidos en este capítulo. ¿Está usted de acuerdo? ¿Por qué?

3. ¿Cree usted que una persona que se aparta del camino del evangelio no tiene oportunidad de salvación? ¿Por qué?

4. Regrese al capítulo 15 de Lucas y vea lo que ocurre cada vez que se encuentra lo que está perdido. ¿Que hay en común?

3

TRASCENDIENDO NUESTRA LIMITACIÓN

"¿Quién guió al Espíritu del Señor, o cómo consejero suyo Le enseñó? ¿A quién pidió consejo y quién Le dio entendimiento? ¿Quién Lo instruyó en la senda de justicia, Le enseñó conocimiento, y Le mostró el camino de la inteligencia?"
— Isaías 40:13,14

¿Se ha preguntado usted como Dios trata al descarriado? ¿Qué dice la Biblia al respecto? Primeramente, es necesario establecer, desde un principio, que es imposible tratar de entender a Dios a través de la lógica humana. Especialmente cuando lo vemos tratando con el hombre. No se puede concebir el tratar de ver a Dios como vemos a un hombre. ¡Es tan diferente!

Nos pasaría como le pasó a los amigos del rey David. Ellos nunca podían predecir cómo David iba a reaccionar ante momentos decisivos o de crisis. Cuando ellos pensaban que él gozaría al recibir una noticia que para sus amigos era buena,

David lloraba. Cuando ellos creían que él respondería en gran llanto, entonces él se levantaba con ánimo como si nada hubiese ocurrido. (Léase 2 Samuel 1:1-16; 12:15-23; 18:28-33) Así mismo sucede con Dios. A veces Él toma decisiones que lógicamente no tienen sentido. Esto es debido a que la limitación de nuestra mente no nos permite percibir con claridad la inmensa dimensión de la mente de Dios.

En Isaías 55:8.9 dice: *"Porque mis pensamientos no son vuestros pensamientos, ni vuestros caminos mis caminos— declara el Señor. Porque como los cielos son más altos que la tierra, así mis caminos son más altos que vuestros caminos, y mis pensamientos más que vuestros pensamientos"*. En otras palabras, si usted me pregunta porqué Dios actúa de una manera y no de otra, mi mente finita no es capaz de comprenderlo a través de la lógica humana. Podemos percibir su conducta porque la Biblia nos revela sus acciones, pero sus motivos son tan personales e impregnados de amor que van más allá de nuestra comprensión, si dependemos solamente de nuestra mente humana. Esta característica de Dios es importante que sea reconocida para que podamos entender y aceptar las decisiones que Dios toma en los casos que se han de analizar en los próximos dos capítulos. Cuando vemos a Dios actuar con el descarriado, tenemos que verlo en alas de la fe de Dios pues la lógica humana se queda corta cuando se trata de entender lo que Dios hace de esa manera.

Fe de Dios, Presencia del Espíritu Santo

La fe de Dios es demostrada en cuanto a que él cree en nosotros, aún cuando nuestro presente no da la menor idea de que podamos ser confiados y tengamos la habilidad o siquiera el deseo de lograr lo que él cree que hemos de lograr. Él simplemente cree en nosotros y procede a sembrar en nosotros la semilla que producirá los resultados que él cree nosotros somos capaces de lograr. Luego él provee los medios de llamar nuestra atención para que nos acerquemos a él, de modo que Él pueda comenzar la obra que desde un principio Él vio que nosotros lograríamos.

Además de la fe de Dios, no podemos ignorar la presencia del Espíritu Santo en su disposición de revelar lo que en nuestra mente y lógica no podemos percibir. En 1 Corintios 2:9,10 dice: *"sino como está escrito: Cosas que ojo no vio, ni oído oyó, ni han entrado al corazón del hombre, son las cosas que Dios ha preparado para los que le aman, Pero Dios nos las reveló por medio del Espíritu, porque el Espíritu todo lo escudriña, aun las profundidades de Dios"*. Es decir, que solo a través del Espíritu Santo podremos descubrir lo que está en el corazón de Dios y entender sus intenciones, motivos y acciones. Es por eso que al analizar los ejemplos bíblicos que hemos de presentarles, necesitamos pedir al Espíritu Santo que abra nuestro entendimiento para que podamos ver lo que esto significa y podamos entender las acciones de Dios, de manera que podamos glorificar a Dios al comprender las profundidades de su gran amor.

Teniendo en cuenta la fe de Dios y la ayuda del Espíritu Santo, es necesario hacer un recorrido por las Escrituras para ver como Dios trató con aquellos que una vez establecieron relaciones con él y luego decidieron tomar una dirección opuesta. En los siguientes 2 capítulos vamos a ver algunos ejemplos bíblicos del Antiguo Testamento y del Nuevo Testamento, donde analizaremos la acción de Dios ante alguien que se aparta a vivir una vida contraria al deseo y propósito de Dios.

REFLEXIÓN

1. Mencione algunos ejemplos en su vida o en su mundo de influencia, de como Dios ha hecho cosas que no perecen tener sentido humanamente hablando.

2. ¿Ha tenido la experiencia de recibir revelación de Dios? Describa su experiencia.

3. Mencione algunos ejemplos más en su vida o en su mundo de influencia, donde usted puede testificar que solo se pudo saber porque Dios se lo revelo.

4

PERDÓN INMERECIDO

"Ten piedad de mí, oh Dios, conforme a Tu misericordia; conforme a lo inmenso de Tu compasión, borra mis transgresiones". – Salmos 51:1

La Biblia está llena de ejemplos donde vemos actos de rebelión contra Dios. Los ejemplos escogidos en este capítulo han sido seleccionados, entre otros, con el fin de que usted vea con claridad y sin dificultad la acción de Dios ante la rebelión.

DAVID

El primer ejemplo que deseo que veamos se encuentra en 2 Samuel capítulo 11. Este capítulo nos revela una historia interesante del muy conocido rey David. Sabemos que David era un pastor de ovejas en su plena juventud cuando fue llamado por Dios para que sirviera como rey sobre el pueblo de Israel. Desde luego, él no salió de pastor de ovejas para reinar inmediatamente. Él tuvo que pasar por un proceso de experiencias y situaciones después del llamado y a través de su vida hasta que se realizó lo que Dios había ordenado en los días de su juventud. David demostró fidelidad a Dios y a su pueblo. Fue el fruto de su conducta como ciudadano y siervo de Dios que lo cualificó para tal posición. Él vio la mano de Dios librándole de muchas adversidades dándole la victoria en momentos oportunos. Dios lo hizo rey sobre Israel. No obstante, en este pasaje bíblico vemos como David, después de haber sido favorecido por Dios y haber obtenido el reinado, se descuidó cometiendo adulterio y homicidio. ¡Esto es lo que se llama un escándalo! ¡Está involucrado nada menos que el líder! ¡Qué vergüenza! ¡Qué falta de respeto! Mucho más se podría decir de esta acción tan desagradable. Pero la historia no termina ahí. En el capítulo 12 verso 13 la Biblia dice que después que el profeta Natán lo confrontó, David respondió diciendo, "*He pecado contra el Señor*". Es decir, David reconoció su pecado de inmediato. Usted debe haber notado hasta aquí que todo lo que ha sido mencionado es la participación del hombre. Pero lo más interesante es ver como Dios reaccionó al asunto después que David admitió su pecado. Nótese que Dios no lo pensó dos veces para perdonarle. No hubo ningún discurso recordándole lo que había hecho y estrujándole la cara con el pecado cometido.

Tampoco fue tratado como persona de segunda clase ni lo amenazó con quitarle el reino como castigo. Veamos las palabras del profeta Natán. "*El Señor ha quitado tu pecado; no morirás*". Fue este acontecimiento que inspiró a David a escribir el Salmo 51 el cual es muy conocido. En este salmo, él describe el proceso de restauración del descarriado por medio del amor, misericordia y perdón de Dios. Primeramente debe haber admisión y confesión del pecado (vs. 4). Luego se reconoce la pureza de Dios (vs. 6). Después se hace petición por transformación (vss. 7-12). Finalmente, se manifiestan los frutos dignos de arrepentimiento los cuales son el testimonio, (vss.13-15) el sometimiento a Dios, (vs. 17 y Stgo. 4:7) y luego la santificación. (vs. 19)

Es cierto que David sufrió ciertas consecuencias producidas por el pecado cometido. Podemos mencionar tales cosas como la muerte del hijo que nació como resultado del adulterio cometido y los problemas de conducta de algunos de sus hijos las cuales trajeron dolor al corazón de David. Pero, no podemos considerar esto como penalidad de parte de Dios ni decir que el perdón de Dios fue condicional a cambio de que pagara por lo que hizo. Estas consecuencias son estrictamente relacionadas con el pecado cometido y no tiene ninguna relación con el acto de perdón de Dios. Esto es como la anécdota de la mujer que fue por la comunidad hablando mal del pastor de la iglesia. Luego ella se dio cuenta de lo que hizo, fue y confesó al pastor su pecado y le pidió perdón. Este varón de Dios le dijo que le perdonaría pero deseaba que ella le hiciera un favor. Ella aceptó el hacerlo sin saber lo que le había de pedir. Entonces el pastor fue a la parte trasera de la casa y regresó con un saco lleno de plumas de gallinas. Él le dio el saco a la mujer y le dijo que debía ir por toda la comunidad y regar las plumas. Muy obedientemente, ella fue e hizo como se le pidió. Al regresar, el pastor le pidió que regresara de nuevo y recogiera todas las plumas. Ella de inmediato se opuso a hacerlo pues consideraba una tarea imposible de lograr ya que el viento las había regado todas. Entonces él le contestó diciendo que ella había sido perdonada por él, pero el daño que había hecho en la comunidad era irreparable.

Dios no guarda rencor ni piensa como los hombres que dicen; "Me la vas a pagar" o "yo perdono pero no olvido". Dios no está para descalificar personas ni condenar. La Biblia dice en Juan 3:17 "Porque Dios no envió a su Hijo al mundo para juzgar al mundo, sino para que el mundo sea salvo por Él". También el Jeremías 31:34 dice: "...pues perdonaré su maldad, y no recordaré más su pecado". En 2 Pedro 3:9 dice que él no quiere que nadie se pierda (incluyendo el descarriado) sino que todos vengan al arrepentimiento. Podemos decir entonces que cuando Dios perdona, el pecado es borrado para siempre y nuestra relación con Dios es restaurada como si nunca antes nos hubiésemos separado del Camino. Desde luego, tenemos que admitir que aunque el pecado es removido a través del perdón, en algunos casos se experimentarán las marcas o consecuencias del pecado las cuales son inevitables. Pero aun en ellas, la gracia de Jesucristo es glorificada si así se lo permitimos.

Un Paso Esencial

Es importante entender que el admitir que hemos pecado y confesarlo es un paso esencial para una segura restauración. La vida del rey Saúl es una viva demostración de la importancia de este principio.

SAUL

Saúl aparece en la escena de la Biblia como un hombre tímido, humilde y reservado. Él estaba buscando los asnos de su padre que se habían perdido, cuando tuvo su primer encuentro con el profeta Samuel. Él había decidido ir a consultar a Samuel con relación a sus asnos perdidos. Fue en ese instante que Dios le reveló a Samuel su determinación de hacer a Saúl el rey de Israel. Inmediatamente Samuel le dijo a Saúl lo que Dios le había revelado. En 1 Samuel 10:20-27 encontramos que cuando Samuel fue a presentar a Saúl al pueblo como rey de Israel, Saúl se escondió. Cuando lo sacaron del escondite para presentarlo como rey, algunos lo recibieron con gozo pero otros consideraron a Saúl incompetente para la posición. Deseo que se observe la participación de Saúl en el proceso de ser llamado para reinar sobre el pueblo de Israel. Saúl tuvo una participación pasiva donde todas las decisiones fueron hechas por el profeta Samuel. Yo no dudo que Saúl fue llamado por Dios para ser el rey de Israel, pero no hay ningún lugar donde Saúl responde afirmativamente a Dios y acepte la asignación dada por Dios.

La relación más cercana a Dios que Saúl tuvo fue la que tuvo con el Profeta Samuel, quien tomo todas las decisiones por él. Mientras tanto, Saúl observaba la reacción del pueblo de como fuera aceptado como rey. A pesar de las desventajas que se reflejaron al principio de su reinado, Dios le dio fuerza, sabiduría y gracia de tal modo que en 1 Samuel 11:15 podemos ver que todo el pueblo se unió para reconocerlo como el escogido de Dios para reinar sobre Israel. Dios lo ensalzó y le permitió obtener victorias que le hicieron famoso. Pero Saúl se dio cuenta que mientras el lograra dirigir al pueblo a la victoria, él recibiría aceptación del pueblo. Saúl cometió el error de medir su éxito observando la reacción del pueblo. El hizo un compromiso consigo mismo, que si deseaba la aprobación del pueblo, él tendría que lograr victorias en sus batallas.

En este proceso, Saúl no reconoció el hecho de que fue Dios quien le dio la victoria. Él permitió que el orgullo de ser reconocido por el pueblo determinara su éxito. En el capítulo 13 vemos como los filisteos declararon guerra contra Israel y Saúl fue a Gilgal para consultar a Jehová. Él tenía que esperar por el profeta Samuel el cual tardó en llegar. Cuando el pueblo filisteo comenzó a acercarse y el pueblo de Israel a hacer presión para que tomara una decisión motivada por el temor y reacción a la aparente situación de crisis, Saúl fue cautivado por la desesperación. En su deseo de agradar al pueblo de Israel y por temor de perder su "credibilidad" con el pueblo, Saúl decidió tomar el lugar de Samuel e hizo sacrificio a Dios cuando no le era permitido hacerlo. Solo los sacerdotes eran los únicos autorizados ha hacer sacrificios a Dios. Tan pronto

Saúl terminó, Samuel apareció.

Si comparamos esta situación con el caso de David tenemos que admitir que ambos casos fueron igualmente ofensivos delante de los ojos de Dios. Sin embargo, Saúl fue juzgado y quitado del reino mientras que David continuó su reinado. La única explicación para esto es que David se humilló y reconoció su pecado tan pronto como fue confrontado, mientras que Saúl no aceptó el confesar su pecado. Nótese que Saúl trató de evadir la responsabilidad cuando es confrontado por Samuel. Primeramente Saúl acusó al pueblo de Israel y a los filisteos de provocarlo a tomar tal decisión. Cuando él ve que esa excusa no es aceptable, entonces él acude a buscar algo positivo a su acción. En el verso 12 dice que Saúl considera lo que hizo como un esfuerzo de su parte para adorar a Dios. Si seguimos leyendo llegaremos a la conclusión que Saúl nunca admitió que lo que hizo fue incorrecto. Mucho menos se ve alguna señal de arrepentimiento. La historia de Saúl continúa repitiendo el mismo patrón. Es como una cadena que no tiene fin. En todo esto, nunca vemos a Saúl detenerse a reflexionar sobre la vida que llevaba y admitir su pecado. En cada momento que Saúl cometía un error, él encontraba una excusa para justificar su acto. No obstante, su preocupación por ser aceptado por el pueblo y reconocido tuvo mayor peso que lo que Dios pensara de él.

Cuando Samuel le trajo la noticia de que Dios lo había rechazado y le iba a quitar el reino, Saúl tomo la noticia sin alarmarse o demostrar temor a Dios. Pero cuando Samuel decidió regresarse, Saúl lo tomo por su ropa y no lo quería dejar ir pues él quería que los líderes y el pueblo no sospecharan nada debido a que Samuel no estaba con él. Durante todo este tiempo, Saúl no tomo su relación con Dios en serio y prefirió ser guiado por la opinión del pueblo. Yo estoy seguro que al momento que Saúl reconoce su error y lo admite arrepintiéndose de corazón, Dios le perdonaría. En

Proverbios 28:13 dice: *"El que encubre sus pecados no prosperará, pero el que los confiesa y los abandona, hallará misericordia"*. También en Ezequiel 18:32 Dios declara: *".....no me complazco en la muerte de nadie"*.

Perdonado sin Merecerlo

En la Biblia hay muchos ejemplos que prueban lo que el verso antes citado significa. Sin embargo, en mi opinión, no hay un pasaje que se identifique con este verso tanto como el que se encuentra en 2 Crónicas capítulo 33. Me refiero a la historia del rey Manasés.

MANASÉS

Manasés fue hijo del rey Ezequías, mejor conocido como el rey a quien Dios le añadió 15 años de vida. Sabemos que Ezequías fue un hombre temeroso de Dios y apartado del mal. El vivió una vida ejemplar delante de Dios y de su pueblo, toda su vida. Manasés tenía 12 años cuando su padre murió por lo cual tuvo que tomar la responsabilidad del reinado a tan temprana edad. La Biblia nos relata que Manasés no siguió los caminos de su padre sino que hizo lo malo delante de Jehová. No encontramos en la Biblia qué motivó a Manasés a rebelarse contra Dios. Sin embargo, podemos deducir, de los pocos detalles dados en la Biblia, lo que pudo haber sucedido.

Primeramente, podemos decir que la edad de Manasés, cuando comenzó a reinar, fue una etapa en los pasajes de la vida, llena de transición. Una serie de cambios físicos y emocionales ocurren durante esa época de la vida. Por encima de eso, tenemos que añadir el hecho de que Manasés sufrió una pérdida irreparable. Me refiero a la muerte de su padre. Manasés perdió a su padre cuando más necesitaba de él para la seguridad emocional, que es tan esencial durante esa edad.

Yo pienso que la actitud de Manasés fue una de rebelarse con lo que, delante de sus ojos, parecía injusto. Esto creó una serie de disturbios emocionales los cuales, a su vez, tenía que esconder dada la responsabilidad que le fue dada a tan temprana edad. Me imagino que Manasés se quedó con preguntas que él hubiese hecho a su padre. Pero la cruda realidad le decía que él tenía que enfrentarse a la vida con lo que tenía. Por lo tanto, él decidió hacer lo contrario de lo que recibió de su padre en su temprana edad a manera de rebelión. Yo no tengo pruebas de que esto sea la razón de su conducta. Puede que haya sido algo totalmente diferente.

Sea la razón que sea, la Biblia dice que la vida de Manasés fue una de completa perversión. Por más de 50 años él anduvo por el camino de la perversión y llevó al pueblo a pecar en contra de Dios a un punto sin regreso. El verso 6 del capítulo 33 de 2 Crónicas nos dice que él hizo mucho mal ante los ojos del Señor. En el verso 9 del mismo capítulo dice que él y el pueblo hicieron más mal que las naciones que el Señor había destruido delante de los hijos de Israel. Se trata de los Caananitas a quienes Dios decidió eliminarlos de la faz de la tierra debido a su condición pecaminosa. Dios usó al pueblo de Israel para hacer esa eliminación y les permitió usar el territorio para vivir en lugar de los Caananitas. Ahora vemos al pueblo de Israel cometiendo los mismos pecados y aún mayores y más perversos que los que hicieron los Caananitas, los cuales provocaron la ira de Dios. Todo esto, causado por el líder del pueblo de Israel, es decir, Manasés. A pesar de todo esto, Manasés tuvo la oportunidad de dejar un capítulo muy significativo en la historia de su vida. La Biblia dice que Dios en su furor envió al ejército asirio en contra de Manases. Estos lo aprisionaron con grillos y lo ataron con cadenas. Yo creo que Manasés nunca pensó encontrarse en tal estado de humillación. Imagínese al gran Manasés, burlador de Dios y amador de los placeres y riquezas, ahora está atado con cadenas. ¿No cree usted que así se encuentran muchos descarriados hoy en día? Son víctimas de su propio pecado. Pero Manasés no quiso que su vida terminara en miseria y vergüenza. El hizo algo al respecto.

En 2 Crónicas 33:12 leemos: *"Cuando estaba en angustia, imploró al Señor su Dios, y se humilló grandemente delante del Dios de sus padres"*. Manasés reconoció su pecado y se humilló delante de Dios. Pero lo más importante de esta historia está en ver cómo Dios reaccionó ante tal acción de Manasés. En el verso 13 dice que Dios *"...se conmovió por su ruego, oyó su súplica y lo trajo de nuevo a Jerusalén, a su reino"*. ¿Cómo es posible? Un hombre tan malvado, el cual permitió que la nación entera se entregara a la perversión como nunca antes, no debiera ser ni siquiera considerado para reinar de nuevo. Sin embargo, Dios lo hizo. La razón de ello es que Dios no se interesa por el pasado del hombre. Lo importante para Dios es lo que Él puede hacer con tu vida si tú se lo permites. A Él no le agrada ver al hombre vendido al pecado y la miseria. Él no desea la muerte del impío sino que espera que nos convirtamos y vivamos. Una vez nos arrepentimos y permitimos a Dios que obre en nuestras vidas, el pasado es completamente olvidado y comenzamos una página completamente nueva en la historia de nuestra vida con Él. Ese es el Dios que me ha sido revelado a través de la Biblia. Un Dios que es *"...compasivo y clemente, lento para la ira, abundante en misericordia, y se arrepiente de infligir el mal"*. (Joel 2:13)

¿Profetas Descarriados?

Hasta ahora, los ejemplos que hemos visto han sido líderes políticos que se destacaron durante la historia del pueblo de Israel. Sin embargo, La Biblia también ofrece ejemplos de líderes religiosos que en un momento de sus vidas flaquearon y se apartaron aunque el lapso de tiempo fue más corto que el de los reyes. Pero hubo momentos en que resistieron la voz de Dios no queriendo hacer lo que Dios les ordenó hacer. No hay mejor ejemplo para mostrar estos casos como el del profeta Jonás.

JONÁS

La historia de Jonás es muy conocida entre el pueblo cristiano. Desde la niñez comenzamos a escuchar la historia, cantar coros e himnos relacionados con la vida de este profeta, etc. Debido a la continua repetición de su historia, en muchas ocasiones tendemos a perder de vista los detalles que hacen de esta historia única en su estilo. La misión de Nínive no fue para Jonás su primera experiencia como profeta de Dios. Él vivió durante el reinado de Jeroboam II y ayudó en la conquista de algunos territorios que Israel había perdido anteriormente. Fue durante ese reinado que él se destacó como profeta de Dios. (2 Reyes 14:25) Más cuando Dios le llamó a predicar a Nínive, él resistió la voz de Dios y desobedeció huyendo de la presencia de Dios. Jonás cometió el pecado de rebelión y desobediencia.

Cuando analizamos con cuidado esta historia, notamos claramente la manera que Dios trata con Jonás. Dios se dedicó a hacer preparaciones con el fin de que su misión se lleve a cabo sin tener que destruir a su siervo y dando a su vez al pueblo de Nínive la oportunidad de que se arrepintiera. Primeramente, el prepara una tempestad (1:4), luego un gran pez (1:17), después una calabacera (4:7), un gusano Y finalmente, un viento solano (4:7,8). ¿No es eso interesante? Dios se pasó haciendo preparaciones para instruir y corregir a su siervo. No hay intención de condenarlo ni destruirlo. Con paciencia, Dios trata con el carácter de Jonás mientras se asegura que su misión se lleve a cabo.

Fue en el vientre del pez que Jonás reconoció su error y se rindió a Dios y Su voluntad. Podemos ver en el capítulo 2:4,7 que Jonás describe su condición fuera de Jehová y acude a Su misericordia.

Quiero que se fije en lo que dice el capítulo 3 verso 1 del libro de Jonás cuando dice: *"Vino palabra del Señor POR SEGUNDA VEZ a Jonás diciendo"*. En otras palabras, mientras Jonás mantuvo su rebelión contra Dios, la relación y comunicación entre él y Dios fue interrumpida. Una vez él decidió someterse a la voluntad de Dios, reconociendo su pecado y arrepintiéndose, Dios no demoró en restablecer su relación. ¿No le parece eso hermoso? Por segunda vez, Dios envía a Jonás a la misma misión que había sido enviado anteriormente. Por segunda vez, Jonás escucha la voz de Dios. No hay amenaza en su voz, ni reproches. No hay límites o reservas en su mandato por motivo de la rebelión de Jonás sino que la misión es dada tal y como fue al principio. Y ¿Qué de los resultados? Nunca antes en la historia de la Biblia se vio un éxito igual como resultado de un mensaje dado. Toda la nación se tornó a Dios. No solo el rey y su nobleza, o los religiosos, o los pobres solamente. Toda la nación se tornó a Dios. Todo esto ocurrió después de una segunda vez de parte de Dios. Si seguimos leyendo encontramos que aun después de tan gran éxito, Jonás continuó con su actitud negativa y constante queja como persona inmadura. Mas Dios en su paciencia toma el tiempo de corregirle. No lo condena ni se da por vencido sino que con firmeza le hace ver quien es Él, teniendo a su vez misericordia al corregirle. Solo Dios puede hacer lo que Él hace. Con razón el himnólogo tuvo que decir; "No hay Dios como mi Dios".

REFLEXIÓN

1. Antes de usted haber leído este capítulo, ¿Que opinión tenia usted sobre el Dios mostrado en el Antiguo Testamento? ¿Un Dios de juicio y castigo o un Dios de misericordia? Explique:

2. ¿Qué opinión tiene usted sobre personas que mientras están en el ministerio se han pervertido trayendo vergüenza al evangelio?

3. ¿Cree usted que es justo que estos puedan regresar al ministerio una vez se hayan arrepentido de lo que hicieron?

4. ¿Qué piensa usted del trato de Dios con David, Manases, y Jonás? ¿Tuvo Dios misericordia con Saúl? Explique

5. ¿Ha tenido usted la experiencia de haber tenido una segunda oportunidad y no poder aprovecharla debido que aquellos en autoridad le negaron la oportunidad? ¿Cómo se sintió usted?

6. ¿Ha tenido la experiencia de haber tenido una segunda oportunidad y poder aprovecharla porque aquellos en autoridad le permitieron recibirle por segunda vez? ¿Cómo se sintió usted?

5

UNA OPORTUNIDAD MÁS

"Pero era necesario hacer fiesta y regocijarnos, porque éste tu hermano, estaba muerto y ha vuelto a la vida; estaba perdido y ha sido hallado". – Lucas 15:32

Jesús y el Descarriado

Al mirar al Nuevo Testamento encontraremos que Jesús mismo trajo consigo el mismo pensamiento expresado en el Antiguo Testamento en su mensaje. No solo es proyectado en sus ilustraciones y mensajes sino que también lo podemos ver en su trato con el hombre. Cuando analizamos el ministerio del Espíritu Santo encontramos también los mismos resultados. Desde luego, es de esperarse que así sea ya que el Padre, el Hijo y el Espíritu Santo son un mismo Dios. Aunque las manifestaciones son diferentes, sabemos que los propósitos y metas son las mismas. Es como dice en Hebreos 13:8; *"Jesucristo es el mismo ayer, hoy y por los siglos".* En los siguientes ejemplos, tomados del Nuevo Testamento, vamos a ver la afinidad que existe en la trinidad en cuanto al trato de Dios con el descarriado.

Las Cien Ovejas

En Lucas 15:4-7 encontramos una historia bien conocida en la parábola de las cien ovejas. Ha sido motivo de inspiración para la composición de himnos, poemas, dramas, mensajes, etc. Pero si meditamos bien en lo que esta historia nos relata, encontraremos unas verdades muy específicas en cuanto a Dios y el descarriado.

Primeramente, note que lo perdido es una oveja. No es otra clase de animal que necesita ser transformada en oveja. Notemos también que la oveja era parte del rebaño particular antes de perderse. La única diferencia entre esta y las noventa y nueve es que esta se había apartado del rebaño y las demás han permanecido en el rebaño. Sin embargo, el pastor muestra un interés especial por la perdida. Él no se sienta a esperar que la perdida regrese sino que sale a buscarla. Fíjese que él lleva en su mente una meta y es la de encontrarla. Por lo tanto, él no dejará su misión hasta encontrarla. Una vez la encuentra, la carga en sus hombros con gozo. Es decir, no hay señal de castigo, insulto, amenaza o venganza de parte del pastor. Detrás de esta acción podemos notar una nota de cariño y ternura mezclado con emoción de gozo. Por último, vemos que Jesús compara a la oveja con un pecador quien al arrepentirse, todos sus pecados son borrados y esto produce gozo y alegría al corazón de Dios. Esto me trae a la memoria a mi padre en una ocasión cuando estaba de pastor en el sur de Puerto Rico. Había un grupo de jóvenes en la iglesia a quienes él aprendió a amar. Un día se presentó una persona haciendo profesión de fe. Esta persona, después de algunos días, tomó a los jóvenes varones de la iglesia y se los llevó a una taberna para tomar licor con ellos. Mi padre notó la ausencia de sus jóvenes en la iglesia y decidió ir esa misma noche a ver qué había ocurrido con ellos. Cuando supo donde estaban, se fue tras ellos hasta encontrarlos. Nuestra casa estaba a 18 millas de distancia del templo y los jóvenes vivían en dirección opuesta a nuestro hogar. Sin embargo, esto no detuvo a mi padre en su interés por la salvación de sus jóvenes. Hoy en día, muchos de ellos están sirviendo al Señor y sé de uno de ellos que está de pastor de una iglesia. Esta parábola nos enseña que cuando una persona se separa del Camino, Dios aún la ama al punto de buscarla hasta encontrarla. Él también le recibe con gozo en vez de rechazo y condenación porque, como dijo el profeta Ezequiel, "...*no me complazco en la muerte de nadie, declara el Señor Dios*..." (Ezequiel 18:32)

El Hijo Pródigo

Si seguimos leyendo el libro de Lucas encontramos en el capítulo 15 otra parábola conocida en los versos 11-32. Me refiero a la parábola del hijo pródigo. También esta parábola ha sido de inspiración para la composición de himnos, poemas, mensajes y se ha contado a los niños. Pero también esta es una historia que mientras más se lee y se estudia, cada vez se encuentra algo nuevo en ella. Es posible que usted no crea esto pues está cansado de escuchar o leer la misma historia, pero quisiera que tomara la oportunidad una vez más de leerla y vea las verdades que Dios me ha revelado acerca de esta historia.

Lo primero que encontramos es que está hablando de un hijo. No es un extraño o un sirviente de la casa. Es alguien que tiene todos los derechos, responsabilidades y beneficios de hijo. No estamos hablando de una persona que se acerca al hogar por primera vez y es adoptado por el padre como hijo. Estamos hablando de un hijo nacido y criado bajo el cuidado de un padre amoroso. Segundo, es interesante observar como el hijo decide tomar consigo la herencia que le pertenece y malgastarla en el lugar que él decide vivir. Es como aquel que viene a la iglesia y descubre que sabe cantar o aprende a tocar

43

un instrumento musical hasta convertirse en un profesional. Puede que aun desarrolle el talento de hablar en público o cualquier otro don que Dios le haya permitido desarrollar. Luego que recibe el talento o don, decide irse de la iglesia y malgastarlo en el mundo. ¿No les parecen comunes esos casos? ¿Cuántas personas hay que hoy en día son famosos en el mundo artístico musical, teatro, televisión y otros, que si miramos cuando fueron descubiertos sus talentos pueden decir que fue en la iglesia donde ellos comenzaron?

La historia no revela lo qué hizo el padre mientras el hijo estaba fuera del hogar pues pone su atención en lo que hizo el hijo. Vemos como el hijo en su rebeldía tiene que pasar por un proceso de necesidad la cual Dios usó para llamar la atención del joven y hacerle reconocer que no puede vivir fuera del hogar. Es interesante reconocer que en este caso, el padre no va en busca del hijo pero está en espera de su regreso. Hay ocasiones que Dios permite que la persona reflexione en lo que está haciendo y sienta por sí mismo la necesidad de regresar al hogar.

El padre vuelve al escenario cuando el hijo se arrepiente y decide regresar al hogar. Una vez más enfatiza lo que hemos visto en los casos anteriores respecto a la manera que Dios trata al descarriado. No hay represión, no hay rechazos, no hay penitencias, no hay tiempo de prueba a ver si es verdad que ha habido un arrepentimiento, etc. Simplemente, se ve una manifestación de gozo. También es recibido con los mismos derechos de hijo que tenia cuando se fue del hogar. Cuando leemos el verso 24, podemos ver una vez más el concepto de Dios con relación a nuestro pasado. Nótese que él lo llama "tiempo muerto". También nos revela su concepto con relación a nuestro presente cuando nos arrepentimos. Lo que importa es que hay nueva vida. Un nuevo capítulo se ha decidido comenzar y lo que pasó no tiene importancia. Usted dirá, ¿Cómo es que no tiene importancia? Esa persona merece ser castigada y puesta a prueba, etc. Si usted piensa de esa manera es porque está mirando la situación desde el aspecto humano y no desde la perspectiva divina. Dios está listo para borrar el pasado y comenzar una página nueva en la vida de los descarriados. ¿Está usted listo para perdonar como Cristo nos perdona? (Efesios 4:32)

Así como esta parábola, podemos analizar todos los evangelios donde se registra la vida de Jesús y concluiremos que Dios aun ama y procura al descarriado. No sin antes reconocer que para que su amor se haga real en la vida del descarriado, es necesario que éste regrese arrepentido.

Otros Ejemplos

Además de parábolas, el Nuevo Testamento también ofrece ejemplos de individuos que se apartaron del camino y regresaron siendo recibidos por Dios con el mismo cariño que habían encontrado cuando por primera vez conocieron al Señor Jesús. Uno de estos es el apóstol Pedro.

Pedro

Entre los apóstoles, Pedro y Pablo son los más mencionados en el libro de los Hechos de los Apóstoles. En cuanto a Pedro, podría decir que él también se destacó más que los demás discípulos durante el tiempo que vivió Jesús en la tierra. Desde que Pedro entra al escenario bíblico, y a través de la vida de Cristo, encontramos que él se identifica como una persona con un carácter impulsivo. En ocasiones le fue de bendición el que fuera de esa manera, pero en otras le perjudicó. A pesar de ello, Pedro se considera en el núcleo cristiano como uno de los apóstoles más respetados y admirados dada su gran aportación en el comienzo de la iglesia. Pero para Pedro, no todo fue éxito. Cuando estudiamos la historia de su vida, encontramos un capítulo negativo que no podemos ignorar.

La conversión de Pedro es una historia fascinante. Al leer Lucas 5:8-11 vemos como Cristo cautivó su corazón cuando, delante de sus ojos, el vio la demostración de Dios y su poder por medio de lo que llamamos hoy "la pesca milagrosa". La Biblia nos revela que en ese instante Pedro se encontró a sí mismo, reconoció su pecado y se rindió a los pies de Cristo. A su vez Cristo le recibió con sus brazos eternos y Pedro dejó todo y le siguió. Los años que siguieron fueron unos de intenso entrenamiento y Pedro se mantuvo fiel a Jesús. Él llegó a ser parte del círculo íntimo de Jesús. Él vio milagros día tras día. Participó de la gloriosa experiencia del monte de la transfiguración. Sin embargo, cuando más se necesitó que se demostrara una completa fidelidad y devoción a Cristo, entonces Pedro le dio las espaldas al Cristo de Nazaret. Aquel que en un momento se atrevía proclamar delante de Cristo que Jesús era Hijo del Dios viviente, ahora niega delante de los hombres, que lo conoce. Aun trató de cambiar su manera de hablar para confundirse con el mundo. Pero Pedro no permitió que esta condición permaneciera por mucho tiempo. Inmediatamente que se dio cuenta de lo que había hecho, se arrepintió. (Marcos 14:66-72) La Biblia dice en Lucas 22:62 que Pedro lloró amargamente.

En el libro de Juan capítulo 21 encontramos un relato conmovedor de la restauración de Pedro. Fíjese que Jesús permite que se repita la experiencia de la pesca milagrosa. Cuando comparamos estos dos sucesos, encontramos unos detalles muy interesantes. Primeramente, veamos a Pedro. En la primera ocasión él salió de la barca antes que ésta llegara a la orilla y comienza a hablar con Jesús confesando sus pecados. En la segunda vez, Pedro también sale de la barca, pero no dice palabra alguna. Ahora, veamos las redes. En el primer caso, estas se rompieron por la multitud de peces mientras que la segunda vez, a pesar de que también hubo una gran multitud de peces, éstas no se rompieron. Tercero, notemos a los pescadores envueltos.

En ambos casos, ellos no reconocieron al principio quien era el que los mandaba a echar las redes. Fue el milagro de la pesca lo que los hizo reconocer a Jesús como Señor. No obstante, fue en la segunda vez que ellos se atrevieron preguntarle, pues ya sabían que era él. Por último, observemos a Jesús. En ambas ocasiones él escoge como momento para mostrarse, cuando los pescadores están cansados, frustrados y confundidos pues no habían pescado nada en toda la noche. Sin embargo, en la primera ocasión Cristo decide ir al grano en seguida y les extiende la invitación para hacerlos pescadores de hombres. En la segunda vez, vemos que Jesús toma tiempo para tratar con ellos, especialmente Pedro. Antes que regresen a la orilla, Jesús ya les había preparado el desayuno. No hay coraje en él, ni sentimientos de frustración o desengaño. Al contrario, hay una disposición de servirles. Cuando comienza la conversación, podemos ver que no hay mención del pasado. Cristo confronta a Pedro, pero no para reprenderlo sino para asegurar la relación de amor entre ellos en ese momento. "¿Me amas"? Fíjese que Jesús usa el verbo en tiempo presente. El desea saber lo que hay en la mente de Pedro en ese momento. El desea reestablecer su relación con Pedro tan pronto como pueda. El pasado ya no existe y lo que importa es el presente. Lo más hermoso de esta historia es lo que sigue.

Cuando Pedro abre su corazón a Jesús afirmando su amor hacia él, entonces Jesús le responde "Apacienta mis corderos", "Pastorea mis ovejas", "Apacienta mis ovejas". Recuerde que estamos hablando de un hombre que traicionó a Jesús negándolo cuando más necesitaba identificarse con él. No obstante, Jesús no toma en consideración lo que pasó para determinar si podría confiar o no en Pedro tan importante labor. Demás esta decir lo que Pedro logró alcanzar como líder en el desarrollo del cristianismo después de esa segunda vez. Su aportación sobrepasó en gran escala a lo que logró antes de haberse descarriado. Entre otros podríamos mencionar tales como el privilegio de ser el primero en exponer la verdad del evangelio a los judíos y a los gentiles. Fue encargado de la iglesia en Jerusalén. Fue liberado de la cárcel por un ángel. Escribió dos cartas cuyo contenido fue tan valioso que fue incluido entre los libros de la Biblia, etc. Todo esto y mucho más fueron logrados después de esa segunda vez. Jesús no tuvo en poco su sinceridad y arrepentimiento y le dio una segunda oportunidad. Es interesante el reconocer que Jesús advirtió a Pedro de su caída, pero junto a la advertencia él le da una promesa de regreso y una asignación. (Lucas 22:32)

Esto significa que el concepto que Jesús fue el mismo con Pedro antes de su caída como lo fue cuando regreso. Su caída fue solo una pausa en el plan divino, lo cual cuando Pedro regreso, Jesús continuo Su programa o plan que ya había tenido con Pedro.

Puede que usted haya pensado que lo que hemos estudiado hasta ahora del Nuevo Testamento ocurrió porque el Espíritu Santo no había descendido todavía. Yo admito que el bautismo del Espíritu Santo fue una experiencia vital en la vida de Pedro. Sin embargo, no se puede negar tampoco que su experiencia de andar personalmente con Jesús debiera ser suficiente para que él se mantuviera en el Camino. No obstante, para aclarar cualquier duda, les quiero presentar otro ejemplo el cual tuvo lugar durante la época después del derramamiento del Espíritu Santo. Me refiero al caso de Marcos.

Marcos

Marcos no es tan mencionado como Pedro. Fuera del hecho de que uno de los evangelios fue escrito por él, apenas se encuentra su nombre en el resto del Nuevo Testamento. Para ser exacto, Marcos aparece mencionado en algunas 9 ocasiones a través del Nuevo Testamento. Estas son, Hechos 12:12,25; 13:13; 15:37,39; Colosenses 4:10; 2 Timoteo 4:11, Filipenses 1:24 y 1 Pedro 5:13. A pesar de esto, hay suficiente información para descubrir una hermosa lección aplicable a lo que estamos estudiando.

Al leer los pasados versos, usted notará que en la historia de la iglesia, en el libro de los Hechos, Marcos aparece por primera vez durante el tiempo en que Pedro fue encarcelado y libertado por el ángel. La Biblia dice que cuando Pedro se dio cuenta que había sido milagrosamente librado por el ángel, él se fue a la casa de Marcos donde había un grupo de creyentes orando por él. (Hechos 12:12) En Colosenses 4:10 se revela que Marcos era sobrino de Bernabé, el que acompaño a Pablo en su primer viaje misionero. Según mis conocimientos no hay ningún escrito que nos pudiera revelar como Marcos tuvo su encuentro con Jesús. Tampoco sabemos cuando tuvo la experiencia de ser lleno del Espíritu Santo. Desde luego, es de asumir que él fue lleno del Espíritu dadas las funciones que ejerció.

Por ejemplo, él acompañó a Pablo y a Bernabé en sus viajes apostólicos y también en el primer viaje misionero. Basado en el conocimiento que tenemos de la vida de Pablo, podríamos decir que era difícil que alguien se acercara a Pablo y no tener la convicción del Espíritu Santo para ser salvo. ¿Cuánto más el estar caminando a diario con él? Además, sabemos que Pablo tenía su ministerio como algo exclusivo y yo no creo que él hubiese permitido tener un acompañante que no fuera lleno del Espíritu Santo, pues la misión de estos apóstoles requería personas cualificadas para dicha misión y ser llenos del Espíritu Santo era un requisito primordial. Por último, pienso que Marcos habría expresado su interés en seguir a estos hombres de Dios lo cual sería indicativo de que Marcos entendía lo que estos hombres tenían y deseaba su compañía para así mantenerse en la vida del Espíritu. De una cosa podemos estar seguros y es que Marcos acompañó a Bernabé y Pablo en su primer viaje misionero. Pero algo interesante ocurrió en ese viaje. Apenas ellos habían comenzado su misión, Marcos decidió regresar a Jerusalén. En Hechos 13:13 dice que "...*pero Juan (es decir, Marcos), apartándose de ellos, regresó a Jerusalén.*"

De nuevo la Biblia se abstiene de revelar los motivos de su repentina decisión de regresar a Jerusalén dejando la misión incompleta. Una cosa sabemos es que su acción, al menos de parte del apóstol Pablo, no fue bien recibida. Hechos 15:36-41 señala que después que Pablo y Bernabé regresaron de su primer viaje, al decidir regresar de nuevo a la misión, el nombre de Marcos surgió en la conversación creando división entre ellos. Bernabé deseaba llevarlo de nuevo con ellos pero Pablo se opuso. Lo que motivó a Pablo a oponerse a la idea fue que Marcos "se apartó" de ellos en el primer viaje. La palabra "apartó" es mejor interpretado como "desertar". Es decir, "*irse sin permiso, abandonar, fallar cuando se necesita, dejar una posición militar o responsabilidad sin permiso y sin intención de regresar, o en tiempo de guerra para evitar una tarea peligrosa*".

En palabras sencillas, Pablo consideró a Marcos un cobarde y por lo tanto era inútil e inservible para tal responsabilidad. Pablo no estaba en la posición de darle otra oportunidad. Él se había dado por vencido. Sin embargo, Bernabé lo vio de una manera distinta. Usted pensará que es de esperarse que Bernabé saliera en defensa de Marcos dado a su relación filial pero cuando miramos el trasfondo de la vida de Bernabé, encontramos que hay algo más que mera relación filial en los sentimientos de su corazón.

El verdadero nombre de Bernabé es José. El era levita nacido en Chipre. Los apóstoles le pusieron por sobrenombre

Bernabé debido al significado de ese nombre. Tal parece que Bernabé tenía como ministerio el de consolar, exhortar, levantar el ánimo al caído, estar presente en tiempo de aflicción, etc. El mismo Pablo es un testimonio vivo del ministerio de Bernabé. Cuando Pablo se convirtió al evangelio, el trató de unirse al grupo de creyentes pero estos le huyeron creyendo que él venía a perseguirlos. No creían que su conversión era genuina. Sin embargo, ¿Quién tomó la iniciativa de acercarse y se atrevió a creer en su conversión? Nada menos que Bernabé. (Hechos 26:27) Eso no es todo.

Lo introdujo a la iglesia, estuvo con él como compañero en el Señor y luego lo inició en el trabajo misionero. ¡Cuanta falta hace el encontrar persona como Bernabé en nuestras iglesias! Yo creo que Bernabé vio en Marcos un futuro que en aquel instante Pablo no pudo percibir. Si consideramos lo que Marcos hizo, tenemos que darle la razón a Pablo. Si miramos la situación como Bernabé pudo verlo; no en alas de lo que pasó sino en lo que Dios podía hacer en Marcos si le dábamos una segunda oportunidad, habría que darle la razón a Bernabé. Él no solo mantuvo su posición tocante a Marcos sino que lo demostró al dejar a Pablo y continuar con Marcos por otro camino.

No sabemos lo que ocurrió en el viaje de Bernabé y Marcos pues el autor del libro de los Hechos fue en el viaje de Pablo, por lo tanto, él escribió de lo que vio en dicho viaje solamente. No obstante, en las pocas ocasiones que se menciona el nombre de Marcos, encontramos unos detalles sumamente significativos los cuales reflejan el crecimiento y madurez de quien en un tiempo se consideró ser inútil para servir en el reino de Dios. La prueba mayor es el evangelio según San Marcos. A no ser por la intervención de un hombre como Bernabé quien se atrevió a retar a este joven en medio de su fracaso, hoy en día no hubiésemos tenido el privilegio de tener tan inspirador libro de la Biblia. Además de esto, en

Colosenses 4:10, Pablo recomienda a los Colosenses a que reciban a Marcos. En 2 Timoteo 4:11, Pablo ruega a Timoteo que le envíe a Marcos diciendo: "...*porque me es ÚTIL para el ministerio*".

Finalmente, en Filemón verso 24 Pablo incluye a Marcos como uno de sus colaboradores y en 1 Pedro 5:13 vemos que Pedro consideró a Marcos como su hijo. Todos estos ejemplos nos llevan a una conclusión. Por cuanto *Dios no quiere que ninguno se pierda sino que todos procedan al arrepentimiento* (2 Pedro 2:9) y por cuanto *Dios no se complace en la muerte de nadie* (Ezequiel 18:32), Él sostendrá firme su promesa que dice:

"...*y al que viene a mí, de ningún modo lo echaré fuera*". (Juan 6:37) Es decir, que la oportunidad de salvación desde el punto de vista divino está abierta para todo aquel que se arrepiente, sea por primera vez que haya tomado la decisión como el que haya tenido la oportunidad anteriormente y se haya apartado. Todo lo que se necesita es venir con un corazón contrito y humillado pues dice la Biblia que:

"...*al contrito y humillado, oh Dios, no despreciarás*."

REFLEXIÓN

1. Jesús es conocido por la manifestación de su amor por los perdidos, su misericordia y gracia para con el pecador. Examine nuevamente la historia de las cien ovejas y la del hijo prodigo. ¿Cree usted que estos pasajes se refieren más a un descarriado o no? Explique. ¿Por qué no? y ¿por qué si?

2. ¿Cree usted que Pedro debiera ser perdonado después de haber negado al Señor? ¿Porque si o porque no?

3. La decisión de Marcos no podría catalogarse como el descarriarse del camino de Cristo. No obstante, el tomo una decisión que afecto personalmente a Pablo y más tarde su relación con su compañero en el ministerio, Bernabé. ¿Podría mencionar algunas decisiones que haya hecho que produjo resultados negativos ya sea a usted o alguna otra persona? Favor de mencionar algún caso de ello y como pudo usted corregir esa situación. ¿Pudo ver la misericordia y gracia de Dios en el proceso? Explique.

6

VAMOS A ENTENDERNOS

"Yo estoy a la puerta y llamo; si alguien oye mi voz y abre la puerta, entraré a él, y cenaré con él y él conmigo".
– Apocalipsis 3:20

Antes de continuar con esta discusión considero necesario que hagamos algunas aclaraciones en cuanto el propósito de este libro. Primeramente, debe quedar entendido que no es mi intención el de justificar el acto de descarriarse. Yo no creo que sea correcto o algo para gloriarse el que un creyente se aparte del camino de vida. Al contrario, mientras la persona no reconozca su condición de pecador arrepintiéndose y sigue viviendo en ese estado, está en peligro de no poder retornar. Esto es debido a que mientras la persona está en esa condición, se pone al control de Satanás y las ataduras se duplican, las cuales hacen que el regreso al Señor se haga aún más difícil. (Mateo 12:43-45) Segundo, es necesario recordar que el pecado deja inolvidables marcas en nuestras vidas. La situación del descarriado no es algo para sentirse orgulloso. Es una vida de miseria. Por lo tanto, no se la recomiendo a nadie.

La mejor manera de explicar lo que intento expresar en este libro es primeramente citando a 1 Juan 2:1 que dice:

"Hijitos míos, os escribo estas cosas para que no pequéis. Y si alguno peca, Abogado tenemos para con el Padre, a Jesucristo el Justo".

Este verso nos revela que Dios no desea que pequemos por lo tanto debemos conocer, estudiar, meditar y poner en acción lo que está escrito para así evitar el pecar. Pero no quita la posibilidad de que en algún momento pequemos o nos apartemos. Cada uno de nosotros necesitamos ser renovados, reevaluar nuestros motivos, alinear nuestras vidas en proporción a la vida de Cristo. Wayne Cordeiro dice:

"La renovación tiene que ser tan frecuente como el amanecer y no como un eclipse solar".

Por lo tanto, la solución a esa situación es el regresar a Jesucristo nuestro Señor. El problema que encontramos muchas veces, con creyentes en nuestras iglesias, es que pecamos y en vez de correr hacia Jesús para obtener perdón, huimos de Jesús, consumidos por el sentido de culpabilidad y de condenación; es lo que Satanás nos hace sentir después de habernos envuelto en ello. Nos hace pensar que Dios ya no nos quiere ni ha de perdonarnos porque le hemos fallado. Si Satanás logra convencernos que la sangre de Cristo ya no tiene fuerza suficiente para perdonarnos de lo que hemos hecho, él gana la batalla atándonos para el resto de nuestras vidas. Es por eso que Juan nos exhorta que si llega el momento en que nos encontramos fallando al Señor, la solución correcta es correr hacia Él en actitud de arrepentimiento y confesión de pecados, reconociendo que la sangre de Jesucristo nunca pierde su poder y como dice el apóstol Pablo a los Romanos:

"Por consiguiente, no hay ahora ninguna condenación para los que están en Cristo Jesús...." (Romanos 8:1)

Yo entiendo que el pecado nos separa de Dios pero la confesión de pecados y el arrepentimiento de ellos nos aseguran nuestra posición con Jesús. Él como nuestro abogado y defensor puede ofrecernos el perdón de parte del Padre, ya que Dios no desea que nadie se pierda sino que todos procedan al arrepentimiento. (2 Pedro 3:9) Por lo tanto, el mensaje que quiero dejar en este libro es que si hay alguno que se ha apartado, esa persona no tiene que continuar en ese estado como si no hubiera esperanza. Abogado tenemos para con el Padre a Jesucristo el justo. (1 Juan 2:1) Si se arrepiente de corazón y viene humillado ante la presencia del Dios altísimo, la Biblia nos asegura que Dios ha de recibirlo con brazos abiertos. En Apocalipsis 3:20 dice:

"He aquí, yo estoy a la puerta y llamo; si alguno oye mi voz y abre la puerta, entraré a él, y cenaré con él y él conmigo".

Ese verso se usa mucho cuando hacemos invitaciones al altar para aquellos que no son convertidos. Sin embargo, este verso fue escrito y dirigido a una iglesia llamada Laodicea. Una vez más vemos a Dios interesado en el retorno del apartado. Esta iglesia entera se había apartado del camino y estaba operando basada en religión sin relación. Dios le hace el llamado diciendo, "Oye mi voz, abre la puerta de tu corazón y nuestra relación será reestablecida".

El segundo propósito de este libro es que lo más importante no es el de demostrar que Dios está interesado en el retorno del descarriado, sino que por cuanto Dios está interesado, nosotros como iglesia de Jesucristo debemos sentir la misma simpatía e interés de rescatar y recibir con gozo al que regresa al redil arrepentido. Cuando una persona se aparta, en vez de criticar y airarnos por lo que la persona hizo, nuestra misión es el de orar por esa persona pidiendo a Dios misericordia y perdón. Especialmente si la persona es un ministro o una ministro del evangelio. Hay que verlo como un gigante espiritual que ha sido herido en batalla por el enemigo. Nuestra misión no es de dejar al soldado morir en su propia sangre, sino el de levantarlo y restaurarlo hasta que pueda ser tan efectivo como antes o quizás más efectivo que antes. No importando el pasado sino confiando en el poder de Dios para hacer de esa vida un estandarte del evangelio. Dios está dispuesto y deseoso de hacerlo. Falta que nosotros nos unamos en la misma línea de pensamiento de Dios y comencemos a demostrar ese espíritu perdonador que reconcilia al mundo con Dios. (2 Cor. 5:18-20)

En cuanto a la posibilidad de no regresar al camino, nos ha sido advertido por la palabra de Dios. En Proverbios 29:1 leemos:

"El hombre que después de mucha reprensión endurece su cerviz, de repente será quebrantado sin remedio". (LBLA)

En la Nueva Biblia Latinoamericana de Hoy lo dice de la siguiente manera; *"El hombre que después de mucha reprensión* **se pone terco***, De repente será quebrantado sin remedio".* Desde luego, usted puede notar que este verso señala las evidencias antes de presentar la sentencia. La evidencia es que la persona endurece su cerviz. La sentencia es que queda sin remedio. Esto no tiene nada que ver con el poder de la sangre para limpiarnos de toda maldad. Lo que esto significa es que una persona puede poner resistencia al poder persuasivo del Espíritu Santo al punto que él deja de insistir y, por lo tanto, queda la persona sin remedio, es decir, la decisión de la persona de rechazar al único remedio, lo deja sin más remedio pues es el único remedio.

En Mateo 12:31,32 dice:

"Por eso os digo: todo pecado y blasfemia será perdonado a los hombres, pero la blasfemia contra el Espíritu no será perdonada. Y a cualquiera que diga una palabra contra el Hijo del Hombre, se le perdonará; pero al que hable contra el Espíritu Santo no se le perdonará ni en este siglo ni en el venidero".

Si leemos los versos que anteceden a este verso

encontramos que Jesús había echado fuera los demonios a un hombre que era mudo y ciego. Cuando los fariseos vieron el milagro, ellos comenzaron a decir que ese milagro fue hecho por los poderes de Satanás. Jesús refutó el comentario y señaló el peligro que hay cuando se blasfema contra el Espíritu Santo. Traigo este verso porque he sabido de muchos que no regresan al camino porque se les ha dicho que ellos han blasfemado contra el Espíritu Santo. La verdad es que si usted aun siente en su corazón que Dios sigue insistiendo en que regrese y usted se encuentra en momentos de oportunidades donde se le presenta el evangelio, estos son señales de que Dios aun le ama y no se siente ofendido. Cuando una persona llama a la obra del Espíritu Santo como obra de Satanás, eso es considerado una blasfemia contra el Espíritu Santo y es solo cuando esto ocurre que podemos decir que el Espíritu Santo ha sido blasfemado.

Tenemos que entender que la obra del Espíritu Santo no comienza en el creyente cuando es bautizado en el Espíritu. El Espíritu Santo comienza a obrar en la persona desde antes que este tiene conocimiento de la verdad. Juan 16:8-13 nos dice que el Espíritu Santo es el que convence al hombre de pecado, de justicia y de juicio y nos guía a toda verdad y en Tito 3:5 nos revela que Él está encargado de la renovación de la persona. En otras palabras, que el Espíritu Santo forma parte activa en la conversión del individuo, y en la restauración del individuo cuando este se aparta. Es el Espíritu Santo el que trae a la persona a los pies de Cristo sea por primera vez o para el retorno al Camino. Por lo tanto, cuando una persona, al ser amonestada por el Espíritu Santo, pone resistencia al punto de considerar que lo que el Espíritu Santo está haciendo para convencerlo de su poder es obra de Satanás, es en esos momentos que podemos decir que el Espíritu Santo ha sido blasfemado.

Es importante que entendamos que solo el Espíritu Santo es

el único que tiene la autoridad de declarar a una persona sin remedio. No es nuestra responsabilidad o lugar para juzgar a alguna persona y declararlos sin remedio o que ha blasfemado contra el Espíritu Santo. Dios es el que juzga nuestros motivos y nuestros corazones, no nosotros. Nuestra misión es el de alcanzarlos y recordarles cuanto Dios les ama sin entrar en juicio contra ellos. Desde luego, si la persona no lo recibe tenemos que seguir orando por ellos, creyendo que de alguna forma el Espíritu Santo ha de convencerlos y han de responder a Su amor.

Yo entiendo que en algunas ocasiones el Espíritu Santo puede revelar a un creyente su decisión respecto a esa persona. Por ejemplo, usted va a presentarle el evangelio a una persona y el Espíritu Santo puede impedirle que lo haga. Pero esto puede ser porque el Espíritu Santo ve que la persona no está lista para recibir la palabra, o porque ya el Espíritu Santo ha dejado de intentar pues la persona insiste en no recibirlo ni aceptarlo como su ayuda. Es posible que en alguna ocasión el Espíritu Santo le revele el no insistir en presentarle el evangelio a una persona en particular, ya que el Espíritu conoce los corazones. En el caso del rey Saúl, Dios le dijo a Samuel que dejara de orar por Saúl ya que él lo había rechazado. Pero no debemos asumir que esto ha de ocurrir todo el tiempo pues no está en nosotros determinar quién ha de ser salvo o no. Si nosotros hacemos la selección, corremos el peligro de discriminar contra aquellos que aun Dios no se ha dado por vencido. Recuerden que la misericordia de Dios es mayor que nuestra capacidad de ser misericordiosos. Por lo tanto, es mejor que permitamos al Espíritu Santo el decidir esto y nosotros continuemos proclamando el evangelio a toda criatura, lo cual es lo que Dios nos ha llamado a hacer.

Habiendo dicho esto, reconozco que la Biblia nos ofrece unas características acerca de una persona que ha endurecido su corazón para no recibir la palabra. En Hebreos 6:4-8 encontramos la descripción de uno que ha endurecido su cerviz. Leamos:

"Porque en el caso de los que fueron una vez iluminados, que probaron del don celestial y fueron hechos partícipes del Espíritu Santo, que gustaron la buena palabra de Dios y los poderes del siglo venidero, pero después cayeron, es imposible renovarlos otra vez para arrepentimiento, puesto que de nuevo crucifican para sí mismos al Hijo de Dios y le exponen a la ignominia pública. Porque la tierra que bebe la lluvia que con frecuencia cae sobre ella y produce vegetación útil a aquellos por los cuales es cultivada, recibe bendición de Dios; pero si produce espinos y abrojos no vale nada, está próxima a ser maldecida, y termina por ser quemada".

La palabra clave en estos versos es "gustaron". El sentido que se le da a esa palabra es como por ejemplo, cuando alguien está cocinando y coge un poco para probar el gusto o el sabor y así decidir si la comida está bien preparada. Fíjese que no es servirse el plato de comida y después que está abastecido entonces decidir si la comida está buena para servir. Se toma un poco en la cuchara y entonces se sabe si tiene buen gusto o no. Otro ejemplo de probar es cuando usted va a comprar un automóvil. Antes de usted tomar la decisión, usted prueba el automóvil, es decir, se sube al automóvil y lo guía por el vecindario cerca del lugar donde están vendiendo el automóvil y una vez lo prueba entonces decide si lo ha de comprar o no. Así hay muchos que vienen a la iglesia solo para probar o gustar de las cosas de Dios. No hay nada malo en eso. El peligro consiste en la decisión después de haber probado. Es como dice el verso 8 que si produce buen fruto, recibe bendición de Dios pero si produce espinos y abrojos, entonces es maldecida y está para ser quemada. Es decir, si el Espíritu Santo comienza a obrar en una persona y después de haber entendido la palabra, conoce y entiende el plan de salvación el cual es el don celestial, está convencido de que servir al Señor trae unos beneficios incomparables y sabe con claridad sobre el futuro glorioso asegurado para el creyente, luego decide el no aceptarlo rechazando así al Espíritu Santo, esa persona ha cerrado sus puertas al evangelio. No hay otro sacrificio que lo pueda salvar. Está destinado a eterna condenación.

Warren W. Wiersbe en su libro, "Bosquejos Expositivos de la Biblia" nos habla acerca de este pasaje en particular y nos dice lo siguiente:

> *Hebreos 6.4–6 no enseña que los santos que pecan no pueden ser traídos al arrepentimiento, sino que no pueden ser traídos al arrepentimiento mientras continúen en el pecado y sigan poniendo en vergüenza a Cristo. Los creyentes que siguen pecando demuestran que no se han arrepentido.*[1]
>
> *Los cristianos pueden retroceder en sus vidas espirituales y traer vergüenza a Cristo. Mientras vivan en el pecado, no pueden ser traídos al arrepentimiento y están en peligro de recibir el castigo divino. Si persisten, sus vidas no llevarán fruto duradero y «sufrirán pérdida» ante el tribunal de Cristo.*[2]

Es importante ver que en esos versos no hay mención de que la persona tuvo un nuevo nacimiento. Solo gustó del evangelio, participó de sus beneficios pero nunca permitió comprometerse con Dios sino que prefirió rechazar lo que se le ha ofrecido. El Espíritu Santo no se da por vencido muy pronto. Él intenta muchas veces en convencer al pecador de su mal camino. Su amor y misericordia no permiten que el

---

1 Wiersbe, Warren W., *Bosquejos Expositivos de la Biblia, AT y NT*, (Nashville, TN: Editorial Caribe Inc.) 2000, c1995.

2 Wiersbe, Warren W., *Bosquejos Expositivos de la Biblia, AT y NT*, (Nashville, TN: Editorial Caribe Inc.) 2000, c1995.

hombre se deshaga de su insistencia con facilidad. Mas cuando la persona endurece su corazón y decide, a conciencia de lo que está haciendo, burlarse y rechazar la amonestación del Espíritu Santo, entonces esa persona corre el peligro de llegar al punto donde no hay más remedio.

Por lo tanto, espero que quede claro que no encuentro el estar descarriado como algo digno de admirar o desear, pues no lo es. La persona que lo hace corre el peligro de nunca más regresar. Tampoco intento ignorar la realidad de aquellos que deliberadamente y voluntariamente cierran sus corazones de un todo a la oportunidad de salvación al rechazar al Espíritu Santo de modo de llegar al punto donde no hay más remedio.

Mi corazón va tras aquellos que de alguna manera han fallado a Dios y han reconocido su pecado deseando someterse al dominio del Espíritu Santo. Hemos visto y probado que Dios tiene el deseo de aceptarlos y recibirlos en su reino dándoles una nueva oportunidad. Solo se espera que la iglesia entienda el corazón de Dios hacia esta clase de descarriados y le abra las puertas de su corazón para recibirlos y darles una nueva oportunidad por segunda vez.

REFLEXIÓN

1. ¿Sabe usted de alguna persona apartada que demuestra señales de rebelión contra el evangelio? Explique.

2. ¿Cree usted que el decir "no hay remedio" es una reflexión de la capacidad del evangelio para cambiar vidas o una reflexión del endurecimiento del corazón de la persona para recibir la oferta del evangelio? ¿Puedes explicar la diferencia?

3. Lea Apocalipsis 3:20. Analice este verso en base a la respuesta al toque de la puerta. ¿Quién tiene la habilidad de abrir la puerta? Explique esto basado en el capítulo del libro en discusión.

4. ¿Porque no debemos juzgar a una persona diciendo que ha blasfemado al Espíritu Santo?

5. ¿Cuál es la importancia de persistir en alcanzar a los descarriados no importa cuán perdidos se encuentren?

7

GRACIA, VERDAD Y TIEMPO

"El Verbo (La Palabra) se hizo carne, y habitó entre nosotros, y vimos Su gloria, gloria como del unigénito (único) del Padre, lleno de gracia y de verdad". – Juan 1:14

Para que podamos entender mejor el corazón de Dios por los descarriados, se hace necesario que estudiemos un poco acerca de tres ingredientes necesarios que Dios usa cuando trata de moldearnos a su imagen. Los dos primeros componentes se encuentran en Juan 1:14 donde nos dice:

"Y el Verbo se hizo carne, y habitó entre nosotros, y vimos su gloria, gloria como del unigénito del Padre, lleno de gracia y verdad".

Este verso nos habla acerca de Jesucristo y nos dice que él era lleno de gracia y verdad. Hay muchas personas que están llenas de gracia pero hay muy poca verdad en ellas. Otras están llenas de verdad pero muy poca gracia. En este capítulo deseo que veamos la diferencia y cómo podemos tener un balance saludable en la cual podamos tratar al descarriado como Dios lo hace.

Gracia y Verdad

Primeramente, vamos a definir lo que es la gracia. Gracia es el favor inmerecido de Dios hacia la gente. Es algo que tenemos que no hemos ganado y no merecemos. Es algo que usted nunca puede obtener pero se le da. Es amor incondicional y aceptación. Tal amor es el fundamento por el cual descansa toda sanidad del espíritu humano. (1 Juan 4:8)

Amor y gracia vienen a nosotros a través de Cristo. (Rom. 5:8; Gal. 1:6) Gracia es el primer ingrediente necesario para crecer en la imagen de Dios. Gracia es aceptando relaciones sin roturas, sin interrupciones, sin ganancias. Gracia es el aspecto relacional del carácter de Dios.

Cuando definimos la palabra verdad encontramos que verdad es el segundo ingrediente necesario para crecer en la imagen de Dios. Es lo que es real; describe cómo son las cosas realmente. Tal como gracia es el aspecto relacional del carácter de Dios, la verdad es el aspecto estructural de Su carácter. La verdad de Dios nos dirige a lo que es real, a lo que es correcto.

Ahora, ¿Qué ocurre cuando estamos llenos de verdad pero poca o ninguna gracia? La verdad sin gracia resulta en juicio.

La Biblia los describe como personas que se creen ser,

"guías de ciegos, luz de los que están en tinieblas, instructor de los necios, maestros de los faltos de madurez, y que tienen en la ley la expresión misma del conocimiento y de la verdad". (Romanos 3:19,20)

Nos referimos a aquellas personas que son tan rectos y todo lo quieren hacer "por el libro" de tal manera que cuando una persona falla en algo, le aplican el libro completo acusando a la persona y declarando su condenación. La Biblia nos dice que la ley nos silencia y produce ira (Romanos 4:15), nos hace concientes de nuestra trasgresión y aumenta el pecado (Romanos 5:20), despierta las pasiones pecaminosas (Romanos 7:5), revive el pecado resultando muerte (Romanos

7:9,10), nos pone bajo maldición y nos mantiene prisioneros (Gálatas 3:10,23), nos separa de Cristo (Gálatas 5:4) y nos hace juzgar ferozmente (Santiago 2:10).

La ley sin gracia nos destruye. Obtener verdad antes que la gracia, o estructura antes que relación, trae culpabilidad, ansiedad, ira y un montón de otros dolores emocionales.

Entonces, ¿Qué ocurre cuando estamos llenos de gracia pero poca o ninguna verdad? La gracia sin verdad nos lleva a una vida menos que exitosa también. Mientras que la verdad sin gracia puede ser llamado "juicio", gracia sin verdad puede ser llamada "licencia". Nos referimos a aquellas personas que ven el mal pero en vez de corregirlo, lo permiten de modo que no perdamos la relación. Son aquellos que todo lo permiten por temor a que perdamos contacto de amistad con la persona que comete la trasgresión. La Biblia lo describe como usando la libertad como pretexto para hacer las obras de la carne (Gal: 5:13,19-21), obtener permiso para pecar porque no estamos "bajo la ley" resultando en esclavitud al pecado (Rom. 6:15,16), mantener vivo los malos deseos de la carne (Col. 3:5), desenfreno (1 Ped. 4:3) y menosprecio a la instrucción (Prov.13:18). En otras palabras, son aquellas personas que dejan que todo se haga o no ven nada malo en hacer cosas desenfrenadas y así lo permiten a otros hacerlo también.

Jesucristo era lleno de verdad y lleno de gracia. Cuando combinamos estos dos componentes encontramos que somos libres en realidad y llegamos a ser conforme a la imagen de Cristo. Gracia y verdad juntas, vira el efecto de la caída la cual fue separación de Dios y otros. Nos invita a salir de la soledad a la relación. La gracia, cuando está combinada con la verdad, invita al verdadero yo, tal como soy, faltas y todo, hacia una relación. Con gracia solamente, estamos libres de condenación pero no experimentamos verdadera intimidad.

Un ejemplo bíblico que demuestra lo que estamos explicando es el caso de la mujer sorprendida en adulterio.

(Juan 8:3-11) La historia nos relata que los escribas y fariseos trajeron a esta mujer a los pies de Jesús con el fin de buscar alguna manera de acusar a Cristo de violación a la ley mosaica. La respuesta de Jesús es una demostración de lo que significa estar lleno de gracia, verdad y perdón. En esta historia encontramos cuatro manifestaciones de la gracia y la verdad trabajando en conjunto.

1. *Gracia en la forma de perdón y aceptación.*
   Jesús perdonó a la mujer y la aceptó tal como era. (vs. 11)
2. *Gracia como un agente que termina la separación de ella con los demás seres humanos.*
   Jesús declaró a todos como pecadores delante de Dios con su declaración hecha a los fariseos, *"El que de vosotros esté sin pecado, sea el primero en tirarle una piedra".* (vs. 7) Esta declaración puso a los fariseos al mismo nivel de condición que el de la mujer.
3. *Gracia en virtud de la verdad de la condición de la mujer.*
   Jesús la aceptó con la total realización de quién era ella. Él le dijo, *"Ni yo te condeno"* (vs. 11)
4. *Gracia y verdad sobre el futuro.*
   Él, entonces, le dio dirección hacia el futuro. Jesús le dijo, *"Vete; desde ahora no peques más".* (vs. 11)

La Palabra de Dios también nos instruye que nuestra adoración debe ser en relación (espíritu), la cual es la manifestación de la gracia en nuestras vidas, y en honestidad (verdad), la cual es la manifestación de la verdad. (Juan 4:23,24)

Gracia y verdad son una combinación sanadora porque tratan con una de las barreras principales de todo crecimiento:

la culpabilidad. La culpabilidad y la vergüenza muchas veces nos llevan a escondernos. La culpabilidad tiene la habilidad de paralizarnos haciéndonos pensar que tenemos que hacer algún esfuerzo de nuestra parte para recibir liberación. El conocimiento de lo que dice la palabra de Dios en cuanto a la sangre de Jesucristo y el creer en el poder de Su gracia para liberarnos, es todo lo que se necesita para ser sanos de toda condenación, culpabilidad y vergüenza. Somos libres porque Cristo por su gracia nos ha hecho libres.

Tiempo

La Biblia nos dice que para que la gracia y la verdad puedan producir fruto necesitamos un tercer elemento clave: Tiempo. En Lucas 13:6-9 encontramos que Jesús nos da una parábola donde vemos combinado estos tres ingredientes. Se trata de una higuera que no estaba produciendo fruto. El dueño aplicó la verdad sobre la situación. Si no da fruto, hay que cortarla. No obstante, el viñador abogó por la planta pidiendo que la dejara vivir por un año más. Sabemos que el viñador es nuestro Señor Jesús quien aboga por nosotros. Y Él toma su tiempo en hacer la obra en nosotros por medio del Espíritu Santo. A veces, no permitimos que Dios obre en la vida de muchos pues esperamos que ellos respondan y actúen con madurez de inmediato sin darles tiempo a crecer. En muchos casos nos hemos adelantado a aplicar la verdad sin gracia porque no vemos fruto en la persona en quien ponemos nuestras expectaciones y dejamos ir a muchos al pecado sin antes darles la oportunidad de crecer, entendiendo que en ocasiones han de cometer errores y tendrán fracasos, pero Dios está obrando en esas personas para que cuando crezcan pueda usarlos con poder. En estos versos encontramos varias verdades:

1. El Señor siempre nos da una segunda oportunidad con el fin de obrar en nosotros aplicando así su gracia.

2. El tiempo dado no es para continuar como estamos sino para que seamos alimentados y condicionados de modo que nuestras vidas comiencen a dar el fruto esperado.

3. El tiempo tiene su límite. En este caso, fue por un año. Es posible que en otros casos se necesite más tiempo. Eso lo determina Dios quien es el que obra en nosotros, asimismo el querer como el hacer por su buena voluntad (Fil. 2:13)

4. El deseo de Dios es de que demos fruto. Y él hará todo lo que sea posible para que podamos dar el fruto esperado si se lo permitimos. Pero a veces toma tiempo. Dios no ha terminado con nosotros. Nosotros tenemos que tener la paciencia de Dios y confiar que *"...el que comenzó en vosotros la buena obra, la perfeccionará hasta el día de Cristo Jesús"*. (Fil. 1:6)

En Génesis 3:23,24 encontramos otro pasaje donde vemos estos tres ingredientes en función para con toda la humanidad. Se trata de la acción que Dios tomó de echar a Adán y Eva fuera del huerto del Edén por el pecado que cometieron. Muchas veces nos referimos a este pasaje como una acción de castigo de parte de Dios hacia el hombre. Yo pude ver algo maravilloso en estos versos. Yo creo que el acto de Dios de echar a Adán y Eva del huerto del Edén fue uno de los actos más significativos de demostración de amor de Dios hacia ellos. Déjeme explicarles. En el huerto del Edén se encontraba el árbol de la vida y el árbol de la ciencia, el bien y el mal.

Desde luego, sabemos que ellos comieron del árbol que Dios le dijo que no comieran, cayendo en pecado y trayendo el pecado a todos los hombres. Si ellos hubieran permanecido en el huerto un minuto más, ellos podrían haber comido también del árbol de la vida y de haber hecho eso, ellos hubieran traído condenación sobre todos los hombres para siempre. Dios en su amor se apresuró a sacarlos del huerto y nos puso en un lapso de tiempo llamado redención. En el cual él designó un plan para que fuéramos salvos por medio de Jesucristo y así, por Su redención pudiésemos comer del árbol de la vida viviendo así como redimidos por Su sangre.

Philip Yancey en su libro *What About Grace* (Qué de la Gracia) dice sobre estos versos:

"Dios se movió inmediatamente para proteger la humanidad de estar en un estado de soledad eterna, experimentando dolor por un tiempo muy largo. Para proteger a Adán y Eva de dolor eterno, el los echó fuera de la eternidad, guardó eternidad con un querubín, y los llevó a un nuevo lugar llamado tiempo de redención, donde vivimos ahora. Dios no solo nos mantuvo sin comer del árbol que nos llevaría al dolor eterno sino que el nos echó a un lugar donde el pudiera tener el tiempo de arreglarnos y regresarnos a una relación con el. Tiempo de redención es un vivero que existe con el propósito de redención. Es el lugar donde Dios puede amorosamente arreglar lo que se descompuso. Donde el mal temporariamente existe mientras Dios hace su obra. Tiempo de redención es un ingrediente esencial para crecer, no perdura para siempre". Efe. 5:15,16 (traducción mía)

Es de suma importancia que entendamos estos ingredientes pues sin ello no podremos entender el acto de perdonar. El perdón es un elemento crítico en el trato del descarriado, el cual se necesita en el proceso de restauración de aquel que regresa a Sus caminos buscando una segunda oportunidad. En el siguiente capítulo estudiaremos la función del perdón con relación al descarriado.

REFLEXIÓN

1. Explique algún ejemplo en su vida donde usted ha experimentado la gracia de Dios.

2. De un ejemplo donde ha sido juzgado o condenado, por algo que usted hizo, sin mostrar ninguna gracia. ¿Cómo se ha sentido usted?

3. Describa alguna situación donde usted puede decir que es un ejemplo de dar "licencia" en vez de gracia.

4. Describa como se puede combinar gracia y verdad sin que haya compromiso de juicio o licencia.

5. ¿Por qué es importante el factor "tiempo" cuando se trata del descarriado?

6. ¿Cómo estos tres elementos "gracia, verdad y tiempo" se relaciona con un descarriado que regresa al redil?

8

¿PERDONAR?

"Porque si ustedes perdonan a los hombres sus transgresiones (faltas, delitos), también su Padre celestiales perdonará a ustedes". – Mateo 6:14

Ahora la pregunta que nos queda por contestar es, ¿Debemos perdonar a quien trajo tanto daño a la congregación? También debemos considerar ¿Hasta qué punto puede esa persona participar en las actividades de la iglesia dentro de las circunstancias?

Para poder contestar estas preguntas, tenemos que volver a la Biblia y analizar lo que dice respecto al perdón. Es sorprendente lo que encontramos. Muchos creen que el perdón se experimenta solo en el momento de la conversión solamente. Sin embargo, la Biblia revela cuatro principios de perdón con relación al creyente los cuales son vitales para mantener una relación saludable entre los creyentes y con Dios. Estos principios son como sigue:

1. Perdonar no es una opción para el creyente sino una

orden de Dios.

2. El no perdonar nos impide recibir perdón de parte de Dios.
3. No hay límites en oportunidades para ejercer el perdón.
4. Debemos perdonar como Dios nos perdona.

Miremos más de cerca estos principios.

1. Opción Vs. Orden Bíblica

En una ocasión mi esposa y yo visitamos a una joven a quien llamaremos Paula. Ella nos recibió con gozo y nos atendió muy bien. Luego Paula comenzó a contar su historia con relación a su ex esposo, quien después de serle infiel y tratarla como una esclava, cuando se divorciaron, debido a que él tenía dinero, el logro convencer a la corte de que sus hijos se quedaran con él y solo darle a ella derecho de visita, la cual era una lucha el lograrlo. Paula deseaba tener a sus hijos con ella, pero no hubo maneras de cambiar el veredicto de la corte. Yo me di cuenta que mientras ella hablaba se notaba que cargaba una raíz de amargura y dolor contra su ex esposo. Yo tome la libertad de sugerirle que lo perdonara. Cuando Paula escucho mi sugerencia, se enojó grandemente conmigo y nos hecho de su casa. No quiso hablar más con nosotros simplemente porque yo le sugerí que lo perdonara. Es posible que usted piense que Paula estaba en lo correcto pues él no merece el ser perdonado. Pero cuando vamos a las escrituras encontramos que Dios tiene una orden para el creyente la cual necesitamos considerar.

Marcos 11:25 dice:

"Y cuando estéis orando, perdonad si tenéis algo contra alguien, para que también vuestro Padre que está en los cielos os perdone vuestras transgresiones".

Nótese que en el comienzo del verso, el verbo "perdonar" está usado en forma imperativa. En Mateo 5:23,24 se explica esta acción mejor. Leamos:

"Por tanto, si estás presentando tu ofrenda en el altar, y allí te acuerdas que tu hermano tiene algo contra ti, deja tu ofrenda allí delante del altar, y ve, reconcíliate primero con tu hermano, y entonces ven y presenta tu ofrenda".

Frank Damazio en su libro *"El Poder del Alineamiento Espiritual Viviendo de Acuerdo a los Siete Primeros de Jesús"* explica este verso diciendo:

> *"Jesús dice que la reconciliación precede la adoración y el ministerio pero pocos creyentes viven como que esto es cierto. Si nosotros hubiésemos practicado este principio, ¿Puede imaginarse como cambiaria la manera en que el ministerio es hecho cada día? Definitivamente tendríamos mucho más acceso al corazón del Señor porque de acuerdo a Mateo 5:23-25 relaciones rotas pueden causar que nuestra adoración sea impedida y aun rechazada. La razón: El reino es asunto del corazón. La ofrenda deriva su valor del corazón del dador. Usted no puede adorar con un corazón puro si usted tiene una conciencia manchada".*

Es decir, que siendo que para que Dios acepte nuestra ofrenda, la cual es un acto de adoración, necesitamos ofrecerlo con un corazón puro, si no hay pureza en nuestro corazón entonces Dios no puede mirar bien la ofrenda que le llevamos hasta que limpiemos nuestra conciencia. Y esto solo se logra cuando decidimos perdonar al que nos ofende o pedir perdón al que hayamos ofendido.

Algo más interesante encontramos aquí y es que el primer verso mencionado nos dice *"si tenéis algo contra alguno."* El segundo dice, *"allí te acuerdas que tu hermano tiene algo contra ti."* Lo que significa es que debemos estar dispuestos a perdonar cuando somos ofendidos por otros al igual que cuando sabemos que alguien ha sido ofendido por nosotros. También en el primer verso refiere al ofendido como "hermano" mientras que el segundo refiere al ofendido como "alguno". En Mateo 6:14 dice, *"si perdonáis a los hombres sus transgresiones"* refiriéndose a todo ser humano. Estos versos declaran claramente que es nuestra responsabilidad el perdonar. No es una opción sino una orden bíblica.

2. Impedidos de Ser Perdonados

Volviendo a Marcos 11:25 encontramos que el ser perdonado es un resultado directo de nuestra disposición de perdonar. Si seguimos leyendo los versos que le siguen nos dicen que cuando no perdonamos, no recibimos perdón. Mateo 6:14,15 dice:

"Pero si perdonáis a los hombre sus transgresiones, también vuestro Padre celestial os perdonará a vosotros. Pero si no perdonáis a los hombres, tampoco vuestro Padre celestial perdonará vuestras transgresiones".

Es un principio bien definido. Si no perdonamos, Dios retiene su perdón hacia nosotros. Es por eso que vemos tanta gente en fracaso. Cuando se guarda rencor en el corazón, los resultados son desastrosos. Dios no oye la oración si no se perdona. Si leemos Mateo 18:23-35 podemos ver este principio en operación de manera clara y concisa. Habla de un siervo que debía a su Señor diez mil talentos el cual es equivalente a diez millones de dólares americanos. Este fue a pedirle a su señor por más tiempo para pagarle, pues no tenía dinero para pagar lo que debía en ese momento. Su señor, al escuchar su historia decidió perdonarlo. Cuando este salía de su exitosa reunión con su señor, se encontró con un compañero que le debía un denario lo cual es equivalente al pago de un día de trabajo. De inmediato, él le pidió a su compañero que le pagara su deuda. Su compañero le rogó que tuviera misericordia pues él no podía pagarle al momento pero que en su tiempo él lo haría. Sin embargo, el siervo no tuvo compasión con su compañero y lo echó a la cárcel hasta que le pagase su deuda. Cuando su señor se enteró de lo que este siervo había hecho con su compañero, el llamó al siervo nuevamente, le reprendió por su insensibilidad hacia su hermano y le revocó su perdón obligándole a pagarle todo como si nunca hubiera sido perdonado.

Ahora, yo no sé si usted ha tomado el tiempo para reflexionar sobre el valor de lo que Cristo hizo por nosotros en la cruz del calvario. Una cosa le aseguro y es que tanto usted como yo estábamos destinados al infierno sin esperanza de salvación cuando Cristo decidió tomar nuestro lugar. Además, no hay nada que usted ni yo hayamos hecho el cual podamos acreditar como motivo por el cual Dios enviara a su hijo a morir en la cruz por nosotros. Solo su gracia y nada más que su gracia es el motivo de Dios para salvarnos de eterna condenación. No hay dinero en el mundo que pueda comprar lo que por Su gracia hemos recibido. Lo que Cristo quiso decir en esta parábola entonces es que cuando comparamos la ofensa que hayamos recibido de otros o que otros se hayan ofendido con nosotros y lo que Dios espera que hagamos en esos casos, con la ofensa que Dios ha tenido que perdonarnos, entendiendo que hemos sido perdonados por él, lo que Dios nos exige es prácticamente algo mínimo. Si resistimos al mandato divino, el cual es mínimo, la Biblia nos dice que no podemos esperar que Dios actúe en nosotros de manera diferente. Es decir, si Dios perdonó nuestra gran deuda, la cual no podíamos pagar, cuanto más estamos nosotros en la obligación de perdonar a los que nos ofenden. Y si no perdonamos sus ofensas, entonces, nuestra falta de perdón invalida el efecto del perdón que Dios nos ha dado; exponiéndonos a ser prisioneros de nuestra condición e impidiendo que podamos alcanzar la protección divina, que tanto necesitamos para poder disfrutar de la vida abundante que Dios tiene para aquellos que le sirven.

Yo entiendo que es difícil perdonar a quienes nos ofenden. La razón de la dificultad es porque tendemos a recordar el pasado y mientras esa memoria permanezca en nosotros, la tendencia es de re-visitar lo que aconteció. Cuando esto pasa, entonces comenzamos a sentir nuevamente el dolor, el coraje, el sentido de decepción y todo pensamiento negativo que si le damos atención, la posibilidad de obedecer este mandato es bien corta. Para que podamos tener éxito en perdonar a quienes nos ofenden, es necesario que, en nuestro espíritu, nos despeguemos del pasado, y veamos la situación de lo que vemos hoy y confiando en lo que Dios hará en los días que siguen con la persona que regresa arrepentida. Lo segundo que tenemos que entender es que no podemos perdonar basado en nuestros sentimientos sino basado en lo que creemos que es correcto.

Es una decisión que debemos hacer en nuestra mente y nuestro corazón. El perdón no puede ser basado en lo merecido tampoco. Cuando Dios nos perdonó, él no lo hizo basado en que nosotros lo merecíamos o habíamos hecho algo para merecerlo. No hay duda que la persona no se merece el ser perdonado. Es en ese caso en particular que el poder del perdón tiene más fuerza. También tenemos que recordar que el acto de perdonar no es simplemente decirlo con nuestros labios a la persona que nos ofendió. Cada uno de nosotros necesita tomar una decisión interna de despegar de nosotros todo lo que pasó y comenzar de nuevo. Es la habilidad de poder estar en paz con Dios, con nosotros mismos y con los que nos ofenden olvidando al punto que lo recordado es simplemente una historia del pasado que ya no tiene efecto en mis sentimientos desde hoy pues decidí perdonar. Dependiendo de la magnitud de la ofensa, es posible que usted tenga que traer esto al altar varias veces, pues se hace difícil quitar el dolor que estos recuerdos producen en nuestras vidas. Pero nuestra determinación de obedecer a Dios debe ser un gran motivo para que insistamos en perdonar. El recordar lo que Dios, por medio de Jesucristo, hizo en nosotros también puede ser una gran ayuda para olvidar lo que pasó y comenzar de nuevo.

Cuando el caso es que nosotros hayamos ofendido a otros, y de alguna manera llega a nuestro conocimiento de que esa persona está ofendida por nosotros, la Biblia nos dice que debemos tomar la iniciativa de ir donde esa persona y pedir perdón aún cuando nosotros pensemos que no hay motivo válido para que esa persona se haya ofendido. Cuando esto pasa, el problema que tenemos que luchar dentro de nosotros es nuestro orgullo. El tener que admitir que hemos ofendido y tenemos que pedir perdón, especialmente cuando no creemos que sea necesario, nos confronta con nuestro orgullo. Yo he conocido personas que han reconocido que han hecho mal y saben que tienen que pedir perdón y arrepentirse, pero su orgullo es una fuerza poderosa en ellos que no les permite humillarse y pedir perdón. Si queremos estar en paz con Dios y con los demás, es necesario que reconozcamos esta debilidad interna de nuestro corazón y llevar ese orgullo al altar. Pues mientras nos dejemos llevar por nuestro orgullo, permaneceremos encerrados en nuestra propia cárcel producida por nuestra falta de perdonar o pedir perdón. En Santiago 4:7 la Biblia nos dice,

"Por tanto, someteos a Dios. Resistid, pues al diablo y huirá de vosotros".

Una vez que sometemos ese orgullo personal y comenzamos a perdonar y pedir perdón, entonces disfrutaremos de la libertad con que Cristo nos ha hecho libres. ¿Cómo nos sometemos? Tomando la decisión de perdonar o pedir perdón, cualquiera sea la situación.

Supe de una historia de la famosa escritora, Corrie Ten Boom donde ella se encontraba predicando en una congregación en Holanda acerca del amor del Señor. Cuando terminó la prédica y se terminó la reunión, ella comenzó a saludar a los que se le acercaban. De pronto ella levantó la vista y vio venir hacia ella al policía que la había maltratado y había participado en la muerte de su hermana. Esta vez él no tenía uniforme. Él estaba vestido de civil y con una Biblia debajo de su brazo. Mientras él se acercaba para saludarle, un hervor de odio y rencor se manifestó en el corazón de Corrie. No obstante, ella había terminado de predicar acerca del amor de Dios y ésta era la oportunidad de practicarlo. Entonces ella cerró sus ojos y verbalizó una oración en silencio, "Señor, ámalo a través de mí". De momento, fue como un baño de amor que cayó sobre ella que la hizo correr hacia él y abrazarlo con tierno amor. Todo el pasado desapareció y ella estaba abrazando a un lavado por la sangre del Cordero. Es imposible hacerlo por nuestra propia cuenta. Pero si pedimos a Jesús que controle nuestras vidas, veremos que muchas imposibilidades se lograrán a través de nosotros. De todas maneras, solo la gracia de Dios puede darnos el perdón. Solo la gracia de Dios nos permite manifestar ese amor para perdonar a quienes nos ofenden. Lo importante que debemos recordar es que tenemos que perdonar si deseamos ser perdonados por Dios.

3. ¿Límite para Perdonar?

Hay personas que dicen, "Yo puedo soportar que me ofendan una u otra vez pero todo tiene su límite". Mirándolo desde el punto de vista humano, esto tiene lógica. Pero, ¿Qué dice la Biblia al respecto? En Lucas 17:3,4 dice así:

"¡Tened cuidado! Si tu hermano peca, repréndelo; y si se arrepiente, perdónalo. Y si peca contra ti siete veces al día, y vuelve a ti siete veces diciendo: "Me arrepiento", perdónalo".

Yo hice unos cálculos de cómo esto pudiera ocurrir en un lapso de 24 horas en el día y concluí que para que esto sea posible, la persona tiene que haber hecho la ofensa aproximadamente cada 3½ horas y en ese lapso de tiempo debe haber venido arrepentido a pedir perdón. Cuando esas siete ofensas son perdonadas, ya el próximo día se ha acercado lo cuál permite que seamos ofendidos por siete ocasiones más y ofrecer perdón por cada ofensa. Esto parece ser ridículo pensar de esa manera pero aún no hemos terminado de ver todo lo que la Biblia realmente nos está diciendo. En Mateo 18:21,22 encontramos otro verso interesante sobre este tema y dice:

"Entonces se le acercó Pedro, y le dijo: Señor, ¿Cuántas veces pecará mi hermano contra mí que yo haya de perdonarlo? ¿Hasta siete veces? Jesús le dijo; No te digo hasta siete veces, sino hasta setenta veces siete". (LBLA)

Si el verso primero le pareció ilógico, ¿Cómo explicaría usted este último verso? No habla de siete veces en un día sino que setenta veces siete. Yo volví a hacer cálculos y descubrí que en un periodo de 24 horas usted tiene que ser ofendido, escuchar a la persona arrepentirse y perdonarla aproximadamente cada 3 minutos. Cuando usted llega a la ofensa numero 490 en ese día, el alba del próximo día aparece de nuevo para comenzar una nueva serie de eventos similares. Usted pensará que estoy exagerando pero eso es lo que la Biblia nos dice. Ahora, lo que Cristo en realidad nos está queriendo decir es que no hay límites para perdonar. Dios desea que en nosotros se desarrolle el mismo espíritu perdonador que ha caracterizado a Dios mismo. Usted pensará que esto es imposible y tiene razón. Ningún ser humano puede perdonar como Dios perdona las ofensas de los demás. Las buenas nuevas es que esto se hace posible cuando permitimos que Cristo resida en nuestros corazones como Señor de nuestras vidas. Cuando somos ofendidos, Cristo en usted perdona al ofensor. Cristo se especializa en lo imposible. Es por eso que podemos perdonar.

"Todo lo puedo en Cristo que me fortalece". (Fil. 4:13)

4. Perdonar Como Dios Perdona

La base de este principio está en Efesios 4:32 que dice:
"Sed más bien amables unos a otros, misericordiosos, perdonándoos unos a otros, así como también Dios os perdonó en Cristo".

Y Colosenses 3:13 que dice:

"Soportándoos unos a otros y perdonándoos unos a otros, si alguno tiene queja contra otro; como Cristo os perdonó, así también hacedlo vosotros".

Estos versos declaran que hay una manera aceptable de perdonar. No es a nuestra manera o bajo ciertas condiciones. No es diciendo, "Yo perdono pero no olvido". No es esperando que el otro de la primera movida. Nótese que en ambos versos encontramos un patrón o ejemplo de seguir y es así como Dios perdonó en Cristo o como Cristo os perdonó. La pregunta que sale de esta declaración es; ¿Cómo es que perdonó Dios? Para contestar esa pregunta necesitamos regresar a la Biblia la cual nos da una descripción perfecta de su manera de perdonar. En Romanos 5:8 nos dice:

"Pero Dios demuestra su amor para con nosotros, en que siendo aún pecadores, Cristo murió por nosotros".

Este verso nos declara dos características del amor que Dios nos demuestra. Uno se refiere a la condición del receptor de ese amor y la segunda se refiere al método o medio que usó para demostrar ese amor. Note que la condición del receptor es uno de total trasgresión. El verso nos dice que "siendo aún pecadores". Esto significa que él no esperó que nosotros mereciéramos ese amor para ofrecerlo o que fuéramos limpios y libres de pecado para entonces experimentar su amor en nuestras vidas. El confió el regalo de la salvación aún cuando nosotros merecíamos eterna perdición. La fe de Dios consiste en mirar al individuo, no en base a lo que se vé en el momento que lo encuentra, sino en lo que ha de ser cuando aceptamos ponernos en sus manos. Lo que esto nos dice es que si hemos de perdonar como Dios nos perdonó en Cristo, no podemos poner un precio a lo que se nos hizo y esperar hasta que haya sido pago para entonces perdonar. Pues cuando hacemos esto encontramos que nunca estamos satisfechos con el pago y deseamos más. Nuestro perdón toma mayor fuerza cuando la persona que lo recibe no lo merece, sin embargo, lo perdonamos. Cristo perdonó sin considerar si la persona respondería a ese perdón en aceptación y arrepentimiento. De hecho, cuantos hay hoy en día que aún no han respondido a ese perdón, sin embargo, Dios ya los ha perdonado. De esa manera, debemos nosotros de perdonar también.

La segunda característica, referente al medio que Dios usó para demostrar su amor, la cual fue la muerte en la cruz por el in-mcrecedor, nos revela cuán lejos pudo Cristo llegar para así dejarnos saber cuánto nos amaba. Usted se preguntará, ¿Me dice usted que no solo tengo que perdonar a esa persona pero tengo que amarlo también? Cristo lo hizo por amor. Nosotros como creyentes, para poder manifestar al mundo lo que Cristo significa para nosotros, debemos hacerlo por medio del amor que Él ha puesto en nosotros. La verdad del caso es que no importa cuánto sacrificio le cueste a usted para perdonar a una persona que le hizo tanto daño, su sacrificio será muy poco comparado con el que hizo Jesucristo. Dios no nos exige que muramos por el descarriado sino que le perdonemos por el amor que Dios ha puesto en nosotros. Ahora, la palabra "morir" significa separación la cual produce dolor para el que queda vivo, pero el que muere, no siente nada.

Por lo tanto, cada vez que usted perdona a algún ofensor, usted muere al punto que lo que pasó ya no hace efecto negativo en su vida, pues usted ha puesto fin al asunto por medio del perdón. Usted dirá, ¿No puedo poner fin al asunto simplemente olvidándolo, pero sin tener que enfrentarme al que me hizo el daño y tener que humillarme al perdonarlo aun cuando no lo merece? La respuesta es no, ya que el tratar de olvidar no borra de un todo los recuerdos de lo que pasó, ni tiene la fuerza para hacernos sentir libres de los efectos negativos que produjo la trasgresión cometida. Solo el perdón es capaz de hacer eso y liberarnos de esos efectos.

Además, cada vez que usted se encuentre con esa persona, o vea a otra persona que se le parece, o que recuerde lo que pasó, esos recuerdos van a regresar y usted ha de volver a revisar los acontecimientos con dolor y amargura la cual no le permitirán crecer ni seguir adelante. Otra razón por la cual debemos perdonar como Cristo lo hizo con nosotros es porque cuando Cristo nos perdonó, el vio valor en nosotros no basado en el pecado que había en nosotros, sino en nosotros separados del pecado. La tendencia que tenemos muchas veces es de valorar la persona de acuerdo a los actos de pecado que esta comete. Por ejemplo, si una persona está en la prostitución, valoramos esa persona como prostituta. Si una persona comete adulterio, valoramos esa persona en base al pecado cometido. Si Dios hiciera eso con nosotros, nunca podríamos ser perdonados. Dios no nos define de acuerdo al pecado que hemos cometido sino de acuerdo a lo que él cree que somos nosotros. Él refuta el pensar nuestro de cómo nos vemos y procede a perdonarnos para hacer en nosotros lo que él ha creído todo el tiempo, como somos realmente delante de sus ojos. Todo eso, por amor. Eso también es la fe de Dios. Debemos pedir a Dios que ponga en nosotros la visión de ver más allá de lo que nuestros sentidos registran en nuestras mentes, para poder ver de la manera en que Dios los ve. De esa manera, se nos hará posible el perdonar, el aceptar y aun amar.

Analicemos pues, lo que ocurre con el descarriado. Sea que ésta persona lo haya hecho voluntariamente o por descuido espiritual, lo que es la mayoría de los casos, una vez la persona comete el pecado y se aparta, éste queda preso de los lazos del enemigo y es atado para hacer la voluntad de Satanás. Mientras tanto, el Espíritu Santo no se queda con los brazos cruzados sin intentar hacerlo regresar al redil nuevamente. Él comienza a persistir y tratar de convencerle a que regrese nuevamente. Personas que han tenido un conocimiento de la verdad y se apartan son los más infelices que existen, pues por un lado se encuentran atados y saben que están atados, por otro lado reconocen cuando el Espíritu Santo les convence de su condición, De modo que ellos tienen que tomar una decisión de quedarse como están y hacer caso omiso al Espíritu Santo o responder al llamado tierno del Espíritu Santo y regresar.

Así que cuando una persona que se ha apartado, regresa a la iglesia, es porque reconoce que ahí es donde debe estar. Si nosotros, por nuestra falta de perdón, la rechazamos, o ignoramos esa decisión que ella ha tomado, estamos oponiéndonos a la obra del Espíritu Santo. Si persistimos en no recibirla ni perdonarla, o comenzamos a juzgarla o rechazarla, esto nos producirá una sequedad espiritual que nos dará vidas sin fruto y el gozo del Señor no podrá manifestarse en nuestras vidas. Podemos tener la forma de "cristianos" pero no vivir la vida abundante que Cristo nos ofrece. Aún más, abrimos la puerta al enemigo para así tomar control de toda la congregación, debilitándonos de tal modo que no vemos progreso alguno en nuestras actividades, ni hacemos impacto alguno en la comunidad donde Dios nos ha puesto a ministrar. Esto es una estrategia del enemigo de paralizar o neutralizar a la iglesia, de modo que no haga efecto alguno en las vidas que rodean a la iglesia y cuando venimos a darnos cuenta, encontramos que aún dentro de la iglesia comienza el pecado a enseñorearse en las vidas y a repetirse el escenario una y otra vez. Yo recuerdo una iglesia donde el pastor dejó a su esposa y comenzó a vivir con otra hermana de la iglesia.

En los próximos meses, como 6 o 7 parejas de esa iglesia terminaron en divorcio. Puede ser epidémico y lo único que trae liberación a dicha congregación es el someterse a la obra del Espíritu Santo y perdonar, aceptar y amar. No aceptamos o toleramos el pecado cometido sino a la persona, creyendo que el Espíritu Santo está obrando en esa vida para restaurarle. En Santiago 5:19, 20 nos dice:

"Hermanos míos, si alguno de entre vosotros se extravía de la verdad y alguno le hace volver, sepa que el que hace volver a un pecador del error de su camino salvará su alma de muerte, y cubrirá multitud de pecados".

Nuestra guerra no es contra los pecadores, ellos son victimas del pecado. Nuestro odio debe concentrarse en contra del pecado, luchando contra esto hasta destruirlo. Jesús dijo que él había venido para destruir las obras del diablo. (1 Juan 3:8) Nosotros, como Su iglesia, no debemos de perder de vista la misión de Jesús en la tierra. Cuando concentramos el odio en la persona que comete el pecado, perdemos el enfoque de la misión de la iglesia pues Cristo aborrece el pecado pero ama al pecador. Lo ama de tal manera que tomó su lugar en la cruz del calvario pagando así la deuda que en ninguna otra manera podía ser pagada. Es por eso que Jesús exhortó a los discípulos en Lucas 17:3 diciendo;

"...Si tu hermano peca, repréndelo; y si se arrepiente, perdónalo".

Se reprende porque no se puede consentir el pecado, pero se reprende con amor, teniendo como meta el que la persona vuelva en sí y se arrepienta. Se reprende porque es necesario confrontar a la persona con la verdad reconociendo lo que dice la Biblia que

"*...conoceréis la verdad, y la verdad os hará libres*". (Juan 8:32)

Tenemos que tener cuidado de no echar sobre la persona nuestros sentimientos de frustración y coraje pues eso es lo que Satanás desea que hagamos para así alejar al individuo del camino aún más. Es por eso que es esencial que se haga en un espíritu de amor.

REFLEXIÓN

1. Léase Lucas 7:37-50. Basado en esos versos reflexione sobre el perdón que usted ha recibido de parte del Señor y comente cuanto amor hay en usted hacia Dios.

2. ¿Cree usted que una persona que se haya descarriado, especialmente después de haber causado dolor y traición a la iglesia, usted o alguna persona que usted conozca, pueda ser perdonada? ¿Por qué si? ¿Porque no?

3. Comparta algún momento en que usted tuvo que perdonar a otro. ¿Cómo se sintió cuando lo estaba haciendo? ¿Cuál fue el resultado? ¿Cómo se sintió después de haberlo perdonado?

4. ¿Cree usted que el orgullo sea un factor importante para impedir que perdonemos? ¿Por qué si? ¿Por qué no?

5. Comente sobre medios de reconocer nuestro orgullo y como deshacernos de ello de modo que podamos perdonar.

9

EL PROCESO DE RESTAURACIÓN

"Mientras callé mi pecado, mi cuerpo se consumió...te manifesté mi pecado...y Tú perdonaste la culpa de mi pecado". – Salmos 32:4,5

Es más fácil hablar acerca de lo que tenemos que hacer, que saber, como hacerlo. Muchas veces se nos hace difícil el tratar a un descarriado de forma apropiada, no porque no queremos hacerlo o porque no queramos perdonarle sino porque no sabemos como hacerlo. No hemos sido preparados para tal situación. Somos entrenados con más frecuencia en como tratar a un inconverso cuando viene a la iglesia que como tratar a un descarriado. Además, si le conocemos, tendemos a exigir a esa persona que de inmediato se comporte como una persona madura espiritualmente, por lo cual no le damos el tiempo necesario para que este sea levantado y pueda estar suficiente saludable para dar fruto. Otros tienen dificultad en aceptar que la persona se ha arrepentido verdaderamente, por lo tanto, la tratamos con temor de que vaya a fallar de nuevo demostrando así nuestro sentimiento de inseguridad hacia el descarriado. Esto no es algo nuevo que ocurra. La Biblia nos dice que cuando Saulo de Tarso se convirtió, los creyentes tampoco creyeron en su conversión y pensaron que era una trampa para llevarlos presos y matarlos. ¿Cómo podemos eliminar esos sentimientos de inseguridad? ¿Cuándo podemos estar seguros que ha sido obra de Dios y no otro engaño de parte de la persona? ¿Cómo sabemos que esta vez él o ella no están jugando con "Dios"?

Yo sé de algunas personas que vienen al altar y se reconcilian con Dios respondiendo al llamado al altar y puede que estén por un tiempo asistiendo a la iglesia para luego regresar al pecado. Y hacen esto una y otra vez. Nos preguntamos, ¿Qué de esas personas? ¿Permitiremos que continúen jugando con las cosas de Dios? ¿Cuántas veces dejaremos que esas personas sigan en esa condición? Es imposible dar una fórmula que se ajuste a cada caso en particular, la cual podamos decir que ha de funcionar cada vez que la usemos. La razón de esto es porque nosotros podemos regular y controlar la manera que nosotros actuamos en una situación dada, si aplicamos y vivimos conforme a los principios de la Biblia, pero no podemos regular o controlar las decisiones y acciones de las otras personas.

En Romanos 12:18 dice; *"Si es posible, en cuanto a vosotros dependa, estad en paz con todos los hombres"*. Esto nos hace pensar que cabe la posibilidad de que no logremos estar en paz con algunos, pues depende si la otra persona acepta el estar en paz con usted o no. Es por eso que lo que voy a presentar en este capítulo se trata de principios extraídos de la Biblia, que nos enseñan como nosotros debemos actuar mientras demostramos amor para con el descarriado. Además, el caso presentado al principio del libro nos habla de un descarriado que regresa a la iglesia en actitud de arrepentimiento. Hay personas que nunca regresarán. Hay otras que si regresan, pero no tienen la intención de arrepentirse sino de continuar haciendo más daño o de estar allí sin admitir de haber hecho nada malo. Estas personas deben ser recibidas con amor, perdonarlas y orar intensamente por ellos pues mientras asistan a la iglesia, tienen la oportunidad de que el Espíritu Santo los traiga a convicción y lleguen al punto de arrepentirse de sus pecados. Ya sea por medio del escuchar la palabra dada por los que predican durante los servicios o por medio de hombres y mujeres creyentes, que Dios les permita acercarse a ellos y en amor hablarles con firmeza hasta convencerlos. Hay quienes aceptarán las condiciones, otros no, de modo que eventualmente terminan retirándose del todo. No obstante, no pueden decir que fueron rechazados por la iglesia, sino que fueron aceptados, pero ellos no quisieron someterse a la dirección del Espíritu que nos lleva al arrepentimiento.

En Judas 1:22,23 dice; *"Y tened misericordia de algunos que dudan, o otros, salvad, arrebatándolos del fuego; y de otros tened misericordia con temor, aborreciendo aun la ropa contaminada por la carne"*. En la versión amplificada nos dice; *"Y refute (tanto como para traer a convicción a los que disputen contigo) y de algunos tened misericordia con aquellos que vacilan y dudan. Lucha por salvar a otros, arrebatándolos del fuego; a otros, tengan misericordia con temor, aborreciendo aun la ropa manchada por la carne y contaminada por su sensualidad"*.

Estos versos hablan de tres clases de personas. Están los que están en duda y la recomendación es que les ayudemos a clarificar su fe para que salgan de sus dudas. Segundo, los que están ya perdidos y recomienda que los salvemos, y tercero, los que están perdidos pero no tienen interés en mejorar su situación por lo tanto, la recomendación es que tengamos misericordia con temor por ellos pero no asociándonos con ellos ya que están envueltos en su pecado y lo están disfrutando.

Pero cuando hablamos de uno que regresa arrepentido;

primeramente, tenemos que entender lo que significa arrepentimiento. El "Diccionario Expositivo de Palabras Vine del Antiguo y del Nuevo Testamento Exhaustivo" nos describe la palabra de la siguiente manera:

> *Un cambio de parecer o propósito, por piedad hacia aquellos que han sido afectados por las propias acciones, o en quienes los resultados de las acciones no han cumplido sus esperanzas. Este cambio de parecer involucra tanto un apartarse del pecado como un acercarse a Dios.*3

Es decir, que nos estamos refiriendo a alguien que aunque se apartó, ha decidido regresar pues desea arreglar su vida con Dios y con la iglesia. Esta persona demuestra que ha reconocido su falta y está dispuesto a pedir perdón y aceptar que hizo lo malo delante de Dios y de aquellos que fueron afectados por su acción. No solamente reconoce su pecado sino que viene decidido a vivir una vida diferente y restaurar su relación con Dios y la iglesia. Está dolido por el tiempo perdido fuera de Dios y no desea continuar más en el pecado.

Estoy dando esta explicación porque me he encontrado que hay muchas personas que regresan y desean ser aceptados y restaurar su relación con los demás pero no admiten el haber ofendido a Dios y no necesitan restauración rechazando toda ayuda que se le ofrezca. Es como el rey Saúl que quiso que Samuel continuara haciendo los sacrificios y no poner atención a la ofensa que había cometido. Su preocupación fue más la opinión del pueblo y su reputación que la opinión de Dios con relación a su condición pecaminosa. Ahora, cuando vemos que la persona sigue el ejemplo de David el cual al

---

1 Vine, W.E., *Vine Diccionario Expositivo de Palabras del Antiguo y del Nuevo Testamento Exhaustivo*, (Nashville: Editorial Caribe) 2000, c1999.

momento de ser confrontado, reconoció y dijo; "*He pecado*", eso es lo que se entiende por arrepentimiento genuino.

Hay personas que aceptan al descarriado pero actúan con ellos dependiendo de la magnitud del pecado cometido y no de la sinceridad en su admisión de su condición espiritual. Cuando hacemos eso, estamos aun magnificando el pasado y esperando que lo que ocurrió de algún modo sea castigado. También, al hacer eso estamos juzgando a la persona, lo cual no es de nosotros hacer pues Dios es el que juzga los corazones. Eso no es perdonar ni es lo que Cristo hizo por nosotros. La verdadera aceptación surge cuando ponemos el valor en la sinceridad del corazón del individuo y extendemos la mano para sacarlo del hoyo donde está metido y le ayudamos a crecer en su relación con el Dios de amor. Esto nos lleva a considerar la palabra restauración.

Acudimos esta vez a los comentarios de la "Biblia Plenitud" editado por Jack Hayford y encontramos que restauración es definida de la siguiente manera:

> *En primer lugar, la restauración significa que la Iglesia desplegará el tipo de amor que Jesús manifestó durante su ministerio sobre la tierra. Jesús dijo que la gente conocería a sus discípulos por su amor (Jn 13.34,35). La restauración también significa la manifestación del poder ilimitado de Dios por medio de su Iglesia. Ello ocurrirá cuando a través del pueblo de Dios fluyan los dones del Espíritu y obren sin limitaciones ni restricciones, bajo su dirección y en el santo espíritu del amor divino.*
>
> *A través de la plena manifestación de los dones y ministerios señalados por Dios, y obrando según el amor esencial a su propia naturaleza, la Iglesia alcanzará un nivel de madurez y unidad que sólo podrá ser medido en términos de la*

«medida de la estatura de la plenitud de Cristo»
(Ef 4.13). Mientras la Iglesia se convierte en un
templo santo (Ef 2.21), habitado por un
sacerdocio consagrado que ofrece sacrificios
aceptables a Dios por medio de Jesucristo (1 P
2.5), todas las personas son atraídas al Señor; y
el mundo verá por fin la gloria de Dios a través
de esta Iglesia restaurada. 4

Esta definición nos habla de "la manifestación del amor de Cristo", "la manifestación del poder ilimitado de Dios", y el fluir de los dones del Espíritu sin limitaciones o restricciones bajo la dirección del Espíritu. ¿Cómo esto puede verse en vida real? Yo creo que cuando una persona descarriada regresa de nuevo, hay una serie de circunstancias que hacen que esta situación sea muy diferente a la del pecador cuando viene al Señor por primera vez. Primeramente, la persona tiene que reconocer que la restauración es un proceso donde ella tendrá que pasar nuevamente por los primeros pasos de crecimiento espiritual y ser alimentado como niño o niña espiritual.

Es como cuando una persona se debilita físicamente. Es imposible que ésta se le de comida fuerte de inmediato, pues el cuerpo no va a poder resistirlo. Dependiendo del caso, la persona tendrá que empezar con líquidos primeramente. Algunos hasta pasan a darle comidas de bebé hasta que la persona se recupere y pueda por si misma alimentarse con comida más fuerte. Asimismo, el rescatado necesita comenzar nuevamente en los rudimentos del evangelio, esta vez ayudándole a que no solo tenga conocimiento de la palabra, sino que pueda digerirlo hasta que pase de la mente a su corazón y se quede asentado para no salir más. Es por eso que cuando una persona regresa, después de haberse apartado, es

---

4 Hayford, Jack W., General Editor, *Biblia Plenitud*, (Nashville, TN: Editorial Caribe) 2000, c1994.

recomendable que se le provea un mentor o un grupo, ante el cual la persona se hace responsable y ellos lo llevan por el proceso de restauración. Por lo tanto, el proceso no es dejarle saber lo que dice la Biblia, pues puede que ya lo conozca, sino ayudarle a digerirla, trayendo a la memoria lo que conoce y aplicándolo a los acontecimientos de la vida diaria de modo que pueda pasarlo de la mente (conocimiento) al corazón (asimilación).

En Hebreos 12:12,13 dice: *"Por tanto, fortaleced las manos débiles y las rodillas que flaquean, y haced sendas derechas para vuestros pies, para que la pierna coja no se descoyunte, sino que se sane"*. En Romanos 14:1 dice: *"Aceptad a los débiles en la fe, pero no para juzgar sus opiniones"*. Romanos 15:1 dice: *"Así que, nosotros los que somos fuertes, debemos sobrellevar las flaquezas de los débiles y no agradarnos a nosotros mismos"*.

En el capítulo 15 del evangelio de Lucas aparecen tres parábolas que creo que se relacionan mucho a la situación del descarriado. Dos de estas parábolas ya hemos hecho mención de ellas en el capítulo 5. Pero quiero traerlo de nuevo pues nos ayudará a entender aún mejor la situación del que retorna. Las parábolas que me refiero son la de la oveja perdida, la de la dracma perdida y la del hijo pródigo. Si usted se fija de cerca, encontrará que estas parábolas nos hablan de cuatro clases de perdidos. Estos perdidos tienen algo en común. Todos pertenecen o han sido parte de la casa o el redil. La parábola de la oveja perdida trata del perdido que no sabe que está perdido. Este necesita que vayamos a buscarle y traerle al redil. Es el que se pierde porque no ha madurado lo suficiente como para distinguir entre lo de Dios y lo del mundo y siendo atraído por el mundo, se pierde. Este necesita ser buscado.

El segundo es el de la dracma la cual representa al perdido dentro de la casa. Es decir, está en la iglesia y viene a los servicios pero si Cristo viene se queda. Hace la formalidad o ritualidad del cristianismo pero su vida está dirigida por el sistema de este mundo. Este también necesita ser rescatado. Simplemente porque viene a la iglesia y no comete pecados visibles delante de los demás, sin embargo, está perdido dentro de la casa. Este también hay que buscarlo y ayudarlo a penetrar en el conocimiento y la relación personal con Jesucristo. El tercer perdido, es el descarriado, el cual tiene conocimiento pero decide pecar y apartarse.

Este, hay que darle tiempo a que recapacite y regrese. Pero al regresar, no podemos hacer como su hermano que resintió el que este fuera recibido con amor y aceptación. Este es otra clase de perdido. Está en la iglesia. Conoce al Señor y tiene una relación personal con Dios pero nunca sabe lo que tiene en Dios. Pasa por muchas dificultades y adversidades siendo engañado por el enemigo no sabiendo lo que es en Cristo ni las bendiciones que Dios tiene para él. Es fiel, y participa en todo, pero no vive una vida abundante en Cristo por falta de conocimiento. Deseando que Dios le bendiga pero nunca pidiéndolo pues no sabe que tiene lo que su corazón desea. El Padre le dijo al hijo mayor, *"tú siempre has estado conmigo, y todo lo mío es tuyo"*. Lucas 15:31. Este hijo se queja que Dios no le da nada sin saber que el tiene todo lo del Padre.

Por lo tanto, se resiente cuando otros vienen y reciben de Dios lo que ellos tanto anhelan tener especialmente si conoce el pasado y la imagen de esa persona la cual no es positiva, sin saber que ellos también tienen acceso a ello. Tenemos que hacer como el Padre el cual le recibió con amor, lo aceptó nuevamente y le ayudó a comenzar una vida nueva en Cristo.

No considerando lo que pasó, sino reconociendo lo que Dios ha de hacer, si le ayudamos a ser expuestos al amor de Dios y su habilidad de restaurarlo al punto que pueda aun hacer cosas mayores que lo que había logrado antes de haberse descarriado. Yo creo que la restauración mayor comienza con nuestra aceptación del perdido o descarriado. Lo aceptamos porque creemos en el poder de Dios para restaurarlo, proveyendo la atmósfera necesaria para que la persona pueda fortalecerse en el Señor y de tal modo que se afirme en Sus caminos. Luego, la persona se somete a un mentor o a un grupo de responsabilidad de personas de confianza que creen lo que Dios está haciendo en esa persona y están dispuestos a ayudarle en el proceso de limpieza espiritual y realimentación bíblica. Andy Stanley en su libro "Profundo y Amplio" (Deep and Wide) dice de cinco áreas catalíticas esenciales en el crecimiento espiritual de una persona. Estos son, enseñanza práctica, disciplina privada, oportunidad de ministerio, relaciones providenciales y circunstancias fundamentales. Yo creo que estas áreas también aplican a la condición de un descarriado que se reconcilia.

La razón principal por la cual una persona se descarría es debido a que en algunas de esas áreas se debilito. Por lo tanto, es necesario que la iglesia provea una atmósfera donde la persona pueda experimentar una constante exposición a estas áreas catalíticas de modo que pueda tener éxito en su restauración.

Lo último que deseo añadir sobre la restauración es que cada individuo que deseamos rescatar de los lazos del enemigo es un milagro de Dios por lo cual, si queremos tener éxito, necesitamos ejercitar la fe de Dios y la dirección del Espíritu Santo. Estos dos elementos, cuando son usados propiamente, nos ayudarán a recibir, aceptar y restaurar al caído sin temor a ser engañados de nuevo por el enemigo.

El Espíritu Santo nos revela las intenciones del corazón de cada individuo que se acerca a las puertas de nuestras iglesias y nos da sabiduría para actuar con ellos respectivamente. La Biblia nos dice; *"Y sin fe es imposible agradar a Dios..."* (Hebreos 11:6) *"Porque por fe andamos, no por vista".* (2 Corintios 5:7) y *"...mas el justo por su fe vivirá".* (Habacuc 2:4; Romanos 1:17 y Gálatas 3:11)

Pero nuestra disposición siempre debe ser la de estar disponibles para ser instrumentos de Dios para el rescate de aquellos que andan en tinieblas, incluyendo los descarriados, ser luz y guía para ellos de modo que vean la luz de Cristo y la sigan y ayudarlos a salir de sus tinieblas a la luz admirable de Cristo Jesús nuestro Señor. La Biblia nos dice en Santiago 5:19,20 que, "...*si alguno de entre vosotros se extravía de la verdad y alguno le hace volver, sepa que el que hace volver a un pecador del error de su camino salvará su alma de muerte y cubrirá multitud de pecados*".

REFLEXIÓN

1. ¿Cómo podemos determinar si una persona se ha arrepentido verdaderamente?

2. ¿Puede usted compartir si la iglesia que usted asiste tiene un plan de restauración para descarriados?

3. ¿Por qué es importante la manifestación del amor de Cristo, el poder ilimitado de Dios y la dirección del Espíritu Santo en el proceso de restauración del que regresa?

4. Lucas 15 hace mención de cuatro clases de perdidos. Favor de comentar de cada uno de ellos usando ejemplos que usted conozca.

5. Discuta las cinco áreas catalíticas de crecimiento de Andy Stanley y comente la importancia de utilización en el proceso de restauración del que regresa.

6. ¿Por qué es importante el ejercicio de la fe y el ser dirigido por el Espíritu Santo cuando tratamos de la restauración del que regresa?

10

PARTICIPACIÓN EN LA IGLESIA

"Simón, hijo de Juan, ¿Me amas más que estos?...Apacienta
Mis corderos...Pastorea Mis ovejas...Apacienta mis ovejas..."
– Juan 21:15-17

¿Si una persona que se ha descarriado regresa, podría tomar participación activa en la iglesia después de haber manchado su testimonio de la manera que lo hizo? Esta es una pregunta muy delicada debido a la gran responsabilidad que cae mayormente sobre el pastor con relación al orden y la armonía que debe existir en las actividades que conciernen a la iglesia en general. El pastor responde primeramente a Dios y luego a los miembros de su congregación. El deseo de cada pastor es, (al menos debe ser) el de presentar a Dios una iglesia pura y sin mancha.

Por lo tanto, es lógico que el pastor debe analizar, escrutinar y supervisar a aquellos que han de representar a la iglesia en las actividades que ésta ofrece, especialmente cuando se trata de posiciones de liderazgo. No obstante, el que la persona haya sido descarriada no debe ser un factor decisivo para ser considerado en una posición en la iglesia.

La Biblia nos dice, *"De modo que si alguno está en Cristo, nueva criatura es; las cosas viejas pasaron; he aquí, son hechas nuevas"*. Lo que pasó debe ser olvidado y perdonado. Lo importante es el presente y lo que Dios ha de hacer con esa persona cuando se pone en las manos del Señor. Debemos recordar que Dios se olvida de nuestro pasado y nos trata como si nunca hubiésemos pecado antes.

Por lo tanto, el descarriado debe ser tratado como cualquier creyente sea que haya estado en la iglesia antes o no. Los mismos criterios deben usarse para ambos al momento de ser evaluados. Con esto quiero decir, que según tratamos al nuevo convertido que nunca antes había tenido conocimiento del evangelio, y empezamos a dar participación según vemos su crecimiento en el Señor, así también debemos de hacer con el que regresa después de haberse apartado. Cada creyente debe entrar por un proceso de descubrimiento de sus dones espirituales, entrenamiento y participación gradual según se va desarrollando espiritualmente y dando frutos de arrepentimiento. Yo entiendo que para el descarriado esto puede ser una repetición de cosas que ya conoce, pero nuestro deseo no es que la persona simplemente conozca sino que la persona logre pasar dichos conocimientos de la mente al corazón y guardarlos con el fin de no pecar contra Dios.

Usualmente, lo que lo hizo apartarse fue un descuido de su corazón. Aunque sepa lo que tiene que hacer, su corazón está débil y necesita cuidado intensivo. Aunque tenga talento, hay áreas que necesitan ser fortalecidas para que pueda dar gloria a Dios en lo que hace y no permitir que Satanás los vuelva a engañar nuevamente. Cada iglesia debe tener un plan de crecimiento espiritual para cada persona que llega a la iglesia y acepta a Cristo como Salvador personal. Este plan debe tener como meta tres áreas generales de crecimiento. Uno es una demostración de desarrollo de madurez espiritual. El otro es una actitud de cooperación y apoyo en todas las áreas y por último, una disposición de ser enseñado. El participar en áreas específicas de liderazgo, la persona debe haber demostrado un espíritu de servicio sin esperar reciprocidad, una apropiación de la visión y misión de la iglesia, una actitud de fidelidad y lealtad a la iglesia local donde se reúne y un sentido de mayordomía entendiendo que estamos para servir y para el beneficio de otros y no para nuestra satisfacción personal.

El apóstol Pablo escribiendo a los Corintios les pidió que fuese considerado como; *"...servidores de Cristo y administradores de los misterios de Dios"*. (1 Corintios 4:1) Enfatizando más el hecho de que aquellos que administran, deben mostrar fidelidad. (4:2)

La Biblia nos dice que cuando se escogieron los primeros diáconos en la iglesia primitiva, estos fueron escogidos debido a que ya estaban haciendo el trabajo y no para que hicieran el trabajo. Si leemos en Hechos capítulo seis encontramos que las calificaciones dadas para ser diáconos fue el que tuvieran buena reputación, fueran llenos del Espíritu Santo y de sabiduría.

La reputación se obtiene por medio del reconocimiento de la gente que le rodea la cual ha visto su trabajo y se siente satisfecho de lo que ha estado haciendo por lo tanto, cuando alguien pide referencias, estos hablan de su buen trabajo. Si usted espera ser nombrado en algo para entonces hacer ese "buen trabajo" usted no ha dado razón para ser recomendado pues la gente no sabe si hace buen trabajo o no. Las personas que fueron escogidas para este trabajo fueron personas que ya habían demostrado ser personas de servicio la cual el pueblo podía confiar en poner sobre sus manos tal tarea. Y esto debe ser cierto tanto para una persona que acepta a Cristo por primera vez como a una persona que regresa al redil después de haberse descarriado.

Yo creo que no debe haber distinción o tratamiento especial

o diferente con el descarriado que regresa. Yo he conocido hermanos que han regresado y han sido más efectivos que antes de haberse descarriados. Todo depende del amor con que son recibidos y el reconocimiento de lo que Dios ha puesto en sus vidas para Su gloria. Yo conozco pastores que han cometido algún pecado que ha afectado su posición de pastor. Ellos han pedido perdón a Dios y a la iglesia, se han sometido a un proceso de restauración y luego de un tiempo han continuado como pastor. El ministerio no ha sido afectado tanto y como resultado se ha multiplicado pues la iglesia ha demostrado amor, respeto y aceptación a tal pastor reconociendo que Dios lo ha restaurado al ministerio que había sido llamado hacer. Desde luego, el pastor se ha sometido bajo el consejo de siervos de Dios a quienes él se ha hecho responsable de dar cuentas de su testimonio y demostración de verdadero arrepentimiento y humildad.

Por lo tanto, es posible que una persona que se haya descarriado pueda ser de gran utilidad al servicio de la iglesia y participar de acuerdo a sus dones y habilidades que Dios le ha dotado para Su gloria.

REFLEXIÓN

1. ¿Qué temores existen en la iglesia en cuanto a permitir al que regresa a participar activamente en la iglesia?

2. ¿Cuáles son los criterios que existen con relación a un pastor o líder que ha pecado y desea regresar a la iglesia? Cree usted que debe o puede regresar al pulpito? /Por qué si o por qué no?

3. ¿Cuán importante es para uno que regresa el envolverse en la iglesia con relación a su crecimiento espiritual y solicitación de su fe?

4. ¿Qué testimonio de fe y amor de Cristo puede trasmitir una iglesia que perdona a su pastor y le permite continuar sirviendo en la capacidad de líder?

11

CONECTADOS PARA NO CAER

"...que Cristo habite por la fe en sus corazones. También ruego que arraigados y cimentados en amor, ustedes sean capaces de comprender...y de conocer el amor de Cristo..."
– Efesios 3:17-19

Hay un dicho que dice, "es mejor prevenir que tener que remediar". Aunque sabemos que el evangelio de Jesucristo está haciendo impacto en muchas vidas, tenemos que realizar que estamos viendo muchos que por una razón u otra, se están alejando del camino. Entendemos que no podemos ignorar el poder de la decisión del individuo. No importa cuánto esfuerzo hagamos para motivar a la gente para que permanezca sirviendo al Señor, la decisión es individual y cada uno es responsable de la decisión que toma. Por lo tanto, no podemos detener que esto siga ocurriendo. Pero si debemos asegurarnos que estamos haciendo todo lo que esté a nuestro alcance de proveer los recursos necesarios para que si la persona se aparta, no sea porque hemos contribuido debido a nuestra falta de prevención. La Biblia dice; *"Mi pueblo es destruido por falta de conocimiento...*" (Oseas 4:6)

Es preciso ver cuantos hay dentro de la iglesia que desconocen los principios bíblicos que les ayudarán para sobrevivir las circunstancias que la vida les ofrece y viven conforme al sistema de este mundo. Aman a Dios y asisten a la iglesia. No hay duda que han aceptado a Cristo como Salvador pero no tienen raíces profundas que den cimiento a sus convicciones. En este capítulo deseo referirme a tres medidas que cada creyente debe utilizar para que pueda permanecer firme en tiempo de tentación, sin considerar el dejar el camino eterno de Cristo. Esto no es exhaustivo sino básico y vital para cada creyente que siga esta fórmula sencilla. Las tres medidas fundamentales a que me refiero son la oración, la Palabra de Dios y la relación entre los hermanos.

Usted pensará que estas medidas son elementales y que todo el mundo sabe de estas cosas. No obstante, la verdad es que si nos apasionamos por estas cosas, el Señor nos librará de toda tentación y las posibilidades de apartarse serán totalmente eliminadas. Yo entiendo que pasamos por pruebas, dificultades, adversidades, circunstancias negativas y crisis que en muchas ocasiones son inesperadas. Pero si permanecemos en estas tres medidas, cuando pasemos por todas esas situaciones o circunstancias, permaneceremos firmes pues son los instrumentos dados por Dios para permanecer conectados de modo que nunca caigamos en pecado. Vamos a ver estas medidas por separado y veamos lo que nos asegura la Biblia a aquellos que permanecen conectados de esta forma.

ORACIÓN

¿Qué es orar? Estoy seguro que a usted se la ha enseñado que orar es "hablar con Dios". Por lo tanto, cuando oramos, comenzamos a hablar con Dios. El único problema que tengo con esa definición simple es que lo que muchas veces hacemos es establecer un monólogo donde Dios es el que escucha y nosotros hablamos. Una vez terminamos de hablar se termina también la oración y pensamos que hemos orado. El resultado de esa clase de oración es que al dejar de orar, no vemos cambio alguno en nuestro comportamiento y estamos tan ignorantes de lo que Dios quiere hacer en nosotros como cuando comenzamos a orar. Yo recuerdo cuando niño que veía la gente orar y unos lloraban en el altar, otros gritaban en voz alta su oración, pensando que mientras más gritaban más autoridad tenían, y otros hacían oraciones repetidas donde al usted oírla podía repetir exactamente las frases pues era común de todos. Lo más interesante de esto es que se nos enseñó que orar era pedir a Dios, decirle a Dios lo que necesitamos, etc., etc. Pero muchas veces, estas mismas personas vivían vidas derrotadas sin saber cómo enfrentarse a las situaciones de la vida de modo que Dios fuera glorificado y a otros no se podía ver en ellos cambios de comportamiento que demostraran que habían estado con Jesús en oración.

Lo primero que quiero que veamos en cuanto a la oración es que la oración no es simplemente "hablar con Dios" sino más bien escuchar a Dios. No es que nosotros le digamos a él lo que necesitamos sino el que nosotros descubramos en la oración que es lo que Dios quiere que se haga en la tierra, a través de nosotros, la cual es su voluntad. La prueba de esto está en lo que mejor conocemos como la oración del Padre Nuestro enseñado por Jesús mismo. "*Venga tu reino. Hágase tu voluntad, así en la tierra como en el cielo*". (Mateo 6:10) Si usted se da cuenta, estas palabras son dichas antes de mencionar cualquier necesidad nuestra de perdonar y ser perdonados o de las necesidades diarias de la vida. Cuando dice; "venga tu reino" se refiere al gobierno de Dios o su manera de hacer las cosas. Es una manera de decir que Dios gobierne nuestras vidas a su manera pues es la mejor manera de vivir. Cuando dice, "hágase tu voluntad" se refiere a nuestro sometimiento de nuestra voluntad y permiso para que Dios haga en nosotros lo que él quiere y no lo que nosotros queremos. Cuando entramos en un entendido de esta forma, entonces podemos pedir lo que queramos y él nos lo concede. Sabemos que la voluntad de Dios está en su Palabra. En Juan 15:7 nos dice, *"Si permanecéis en mi, y mis palabras permanecen en vosotros, pedid lo que queráis y os será hecho"*. Es decir, que la oración efectiva es aquella donde primeramente dejamos que Dios se revele a nosotros mostrándonos su forma de gobierno o manera de él hacer las cosas y permitiéndole que su voluntad se convierta en nuestra voluntad como vehículos de demostración de la voluntad de Dios en la tierra. Una vez hemos escuchado a Dios, entonces podremos contestarle a él pidiendo conforme a su voluntad pues ya hemos sido transformados por el pensamiento de Dios que ha penetrado nuestras vidas y cambiado nuestra forma de ver la vida.

Ahora, ¿Cómo podemos usar la oración como medida preventiva para no caer y apartarnos del camino? El apóstol Pablo en su carta a los Efesios, nos indica cómo debemos de orar de modo que sirva de medida preventiva y detenga los poderes satánicos en sus ataques. Fíjese como dice: *"Con TODA oración y súplica, orad en TODO tiempo en el Espíritu, y así, velad con TODA perseverancia y súplica por TODOS los santos"*. (Efesios 6:18)

He hecho énfasis en la palabra todo o toda a propósito pues creo que es significante en nuestra intención de prevenir el separarnos de Dios. Primeramente, nos habla de orar con toda oración y súplica. En 1 Timoteo 2:1 se menciona diferentes clases de oraciones entre ellas, rogativas, oraciones, peticiones y acciones de gracia. Lo que significa que debemos hacer uso y familiarizarnos con toda clase de oración y súplica si deseamos permanecer en este camino. Si usted mira los versos que anteceden Efesios 6:18, encontramos que se habla de poner toda la armadura de Dios. Cada parte de la armadura mencionada en este capítulo son características de Jesús. Él es la verdad, nuestra justicia, nuestra paz, la razón de nuestra fe, nuestra salvación y el verbo de vida. Y el propósito de esta armadura es para que podamos vencer todo dardo del maligno. Pero esto se logra orando con toda oración y súplica. Esto es así debido a que la oración es nuestro medio de comunicación con Dios donde Él nos revela su voluntad y nosotros expresamos nuestra gratitud. El segundo "todo" es que debemos orar en todo tiempo en el Espíritu. Esto lleva dos aspectos importantes en la oración efectiva. Uno se trata de frecuencia y la otra trata sobre el reconocimiento de la presencia del Espíritu en nuestra oración. Cuando nos habla de orar en todo tiempo se refiere a que debemos mantener un contacto abierto con Dios las 24 horas del día. Es tener la conciencia de la presencia de Dios en todo tiempo. En Lucas 18:1 nos recomienda a que *"...debían orar en todo tiempo, y no desfallecer"*.

Y en 1 Tesalonicenses 5:17 dice; *"Orad sin cesar"*. Todos estos versos son una indicación de que debemos mantener la línea de comunicación abierta con Dios en todo tiempo. En otras palabras, que nuestra mente y pensamiento debe permanecer conciente de la presencia de Dios con el cual tengo inmediato acceso en todo momento. De igual manera, el apóstol Pablo nos habla de orar en el Espíritu. El apóstol Judas en el verso 20 y 21 de su libro nos dice; *"Pero vosotros, amados, edificándoos en vuestra santísima fe, orando en el Espíritu Santo consérvense en el amor de Dios, esperando ansiosamente la misericordia de nuestro Señor Jesucristo para vida eterna"*. ¿Cuán importante es el "orar en el Espíritu"?

En Romanos 8:26,27 dice; *"Y de la misma manera, también el Espíritu nos ayuda en nuestra debilidad; porque* no sabemos orar como debiéramos, pero el Espíritu mismo intercede por nosotros con gemidos indecibles; y aquel que escudriña los corazones sabe cuál es el sentir del Espíritu, porque Él intercede por los santos conforme a la voluntad de Dios". Estos versos nos revelan que cuando oramos en el Espíritu, esto nos permite entrar al mundo espiritual para ver lo que en el mundo físico no podemos ver. Orar en el Espíritu nos abre paso al mismo trono de Dios para interceder por cosas sobrenaturales que nosotros mismos desconocemos, pues es el Espíritu de Dios intercediendo por nosotros, de modo que podemos realizar cosas que naturalmente no podríamos lograrlo. Tenemos que entender que estamos rodeados de dos atmósferas la cual son la atmósfera física, dominada por nuestros sentidos y nuestras emociones y la atmósfera espiritual dominada por nuestro espíritu. En el mundo físico, podemos conocer lo que hay en ello por medio de nuestros sentidos físicos, los cuales son el oír, el hablar, el tocar, el gustar y el mirar con nuestros ojos físicos. También nuestra alma, compuesta de nuestro intelecto o mente, nuestra voluntad y nuestras emociones, responde a la voz de nuestras emociones. Pero el mundo espiritual es captado por nuestro espíritu el cual responde a la voz de nuestra fe. Es en el área de nuestro espíritu que podemos permitir que el Espíritu de Dios se asiente en nuestra vida y tome control de nuestras vidas.

Como dice en Romanos, él conoce lo que está en nuestros corazones y lo que está en el corazón de Dios y cuando oramos en el Espíritu, estamos permitiendo al Espíritu que interceda conforme a lo que está en lo profundo del corazón de Dios para nuestras vidas.

En 1 Corintios 2:9,10 dice: *"sino como está escrito: Cosas que ojo no vio, ni oído oyó, ni han entrado al corazón del hombre, son las cosas que Dios ha preparado para los que le aman. Pero Dios nos las reveló por medio del Espíritu porque el Espíritu todo lo escudriña, aún las profundidades de Dios".*

Esta revelación de lo desconocido en el mundo físico, pero ya realizado en el mundo espiritual es revelada a nosotros por medio del Espíritu cuando oramos en el Espíritu. Es por eso que es tan importante que seamos llenos del Espíritu Santo pues él nos permite conocer mejor el mundo espiritual. En una ocasión yo escuche hablar a Peter Wagner diciendo que su iglesia había hecho unos estudios de un área de California con el propósito de ver la posibilidad de plantar una iglesia nueva en ese lugar. Ellos gastaron mucho dinero en ese estudio y finalmente decidieron que debían comenzar la nueva obra. Luego, Peter Wagner se encontró con Jack Hayford y muy entusiasmado le dijo acerca del proyecto de la nueva iglesia en esa área en particular.

Jack Hayford le dijo que ellos también iban a plantar una iglesia en esa misma área. Peter le preguntó cómo él había llegado a la conclusión de que debía plantar una iglesia en dicha área. La respuesta de Jack Hayford fue, "*El Espíritu de Dios nos lo reveló*". Mientras oramos en el Espíritu, nuestra mente no entiende lo que decimos pues el Espíritu gime con gemidos indecibles. Pero vemos los resultados cuando estos son manifiestos en el mundo físico. Por eso es importante que aprendamos a orar en el Espíritu.

El tercer principio nos dice que debemos "velar con toda perseverancia." Esto se refiere a la manifestación de nuestra fe en lo que oramos. En Santiago 1:6-8 dice: "*Pero pida con fe, sin dudar; porque el que duda es semejante a la ola del mar, impulsada por el viento y echada de una parte a otra. No piense, pues, ese hombre, que recibirá cosa alguna del Señor, siendo hombre de doble ánimo, inestable en todos sus caminos*".

En Hebreos 10:35-36 dice: "*Por tanto, no desechéis vuestra confianza, la cual tiene gran recompensa. Porque tenéis necesidad de paciencia, para que cuando hayáis hecho la voluntad de Dios, obtengáis la promesa*". Lucas 18:1 dice: "*Y *les refería una parábola para enseñarles que ellos debían orar en todo tiempo y no desfallecer"*. Estos versos nos dicen que necesitamos orar creyendo. Hay dos clases de esperanzas. Está la esperanza del pobre la cual es más bien un deseo que nunca se cumple. Pero también está la esperanza que está basada en hechos que verifican que ha de acontecer. Como por ejemplo, si usted recibe una llamada diciendo que acaban de enviarle por correo un cheque de un millón de dólares, usted lo espera con certeza que ha de venir. Ya no es un deseo pues la llamada confirma que usted lo ha de recibir. Es una esperanza de algo que ya está confirmado pero que no se ha manifestado hasta que llegue la carta. Es posible que usted ya comience a hacer uso de ese dinero y hace planes en que ha de usarlo aun antes de tenerlo en sus manos. Pero usted lo hace con confianza porque sabe que viene. Asimismo, se requiere que haya un sentido de expectación por lo milagroso en nuestras vidas pues cuando oramos en el Espíritu, Dios nos revela lo que ya ha sido manifestado en el mundo espiritual para nuestras vidas y usted lo espera perseverando y velando con la seguridad de que ha de ser manifiesto en el mundo físico pues creemos en un Dios poderoso. Perseveramos porque *"Fiel es el que os llama, el cual también lo hará"*. (1 Tes. 5:24)

Perseveramos porque tenemos la seguridad de que *"Al de firme propósito guardarás en perfecta paz, porque en ti confía"*. (Isaías 26:3) Perseveramos porque amamos a Dios de tal manera que se cumple en nosotros lo que dice 1 Corintios 13:7 que el amor; *"todo lo sufre, todo lo cree, todo lo espera, todo lo soporta"*. Por lo tanto, perseveramos porque le amamos y Su amor nos constriñe a permanecer orando y creyendo que Él nos salva, nos restaura y nos sostiene en el Camino.

Finalmente nos dice que debemos orar por todos los santos. Esto significa que nuestra vida se enriquece cada día más cuando pensamos menos en nosotros y más en los demás. Cuando oramos por las necesidades de otros, surge una dinámica poderosa que permite que nuestras necesidades sean suplidas. Es la realización de que no se trata de mí sino que se trata de Cristo y su cuerpo el cual es la iglesia del Señor. Esto incluye el orar por los fuertes tanto como por lo débiles, los que están firmes como los que se encuentran en dos pensamientos. Esto incluye a aquellos que han de ser salvos por nuestro testimonio y la palabra que se ha de llevar a ellos. Jesús en su oración intercesora dice; *"Mas no ruego sólo por éstos, sino también por los que han de creer en mí por la palabra de ellos"*. (Juan 17:20)

Nótese que Jesús afirma que han de creer. Es decir, que él da por hecho que ha de ocurrir. De igual manera, en nuestra oración debemos incluir a los inconversos y aun a los descarriados con la fe de Dios de que han de creer y por fe los incluimos como parte de la comunidad de los santos. Cuando cada creyente se une a orar los unos por los otros, los ejércitos de Satanás perderán fuerza y se le hará imposible penetrar a dicha congregación. Nuestra oración particular tendrá gran parte en el logro de una iglesia radiante, llena del Espíritu, que impacta su comunidad con el mensaje de Cristo y vencedora. Esto ocurre cuando oramos con toda oración y súplica, en todo tiempo en el Espíritu, velando con toda perseverancia, por todos los santos.

LA PALABRA DE DIOS

La segunda medida que debemos usar para prevenir que nos descarriemos del Camino es el conocer y aplicar, al punto de hacerlo parte de nuestro estilo de vida, los principios de la Palabra de Dios. Es sorprendente lo que logra un creyente cuando conoce y aplica en su vida estos principios bíblicos. De nada vale que se ore sin saber ni aplicar la Palabra de Dios. Al igual que no tiene sentido que conozcamos la Palabra de Dios sin llevar una vida de oración. Ambas acciones son esenciales en nuestra vida para que podamos vivir una vida victoriosa sin caer en tentación. Cuando hablamos de conocer y aplicar la Palabra de Dios nos referimos a que cada creyente debe desear la Palabra, oír la Palabra, meditar la Palabra, recibir la Palabra y hacer, o poner en práctica, la Palabra.

DESEANDO LA PALABRA

En 1 Pedro 2:2 dice; *"Desead como niños recién nacidos, la leche pura de la palabra, para que por ella crezcáis para salvación"*. Es decir, que cada creyente debe tener una pasión y un deseo profundo de conocer la palabra de Dios. Es imposible conocer la palabra sin antes haber en nosotros un interés profundo de conocerla. Debemos desearla porque en ella se encuentra el manual de cómo operar nuestras vidas en abundancia. La deseamos porque ella nos muestra la persona de Cristo y nos permite conocerlo aun más. Queremos conocer a Cristo porque él fue quien dio su vida por nosotros y queremos saber más de aquel que nos rescató. Deseamos la palabra porque ella revela cual es la buena y perfecta voluntad de Dios para nuestras vidas. Deseamos la palabra porque en ella encontramos vida eterna.

OYENDO LA PALABRA

Pero no podemos permanecer solo deseándola. Necesitamos oír la palabra. En Romanos 10:17 dice; *"Así que la fe viene del oír, y el oír, por la palabra de Cristo"*. No podemos conformarnos con lo que escuchamos los Domingos en la iglesia y esperar hasta el próximo Domingo para escuchar algo más. Si deseamos aumentar nuestra fe, tenemos que oír y oír, y oír la palabra de Dios hasta que penetre en nuestras vidas. Hoy en día no tenemos excusa de que no podamos hacer esto ya que la tecnología nos permite que aún cuando estamos haciendo otras cosas, podemos escuchar la Palabra de Dios. Sea en radio, televisión, discos compactos, cintas grabadas, libros y aún por el Internet, podemos tener acceso a la Palabra de Dios y oír una y otra vez esta palabra de vida. Las cosas que se repiten, pueden permanecer en nosotros más que lo que oímos una vez solamente.

MEDITANDO EN LA PALABRA

Pero no es suficiente el desearlo y oírlo sino que debemos meditar en lo que oímos de la Palabra de Dios. El meditar en la palabra significa que nosotros pausamos en lo que estamos escuchando y pensamos sobre ello una y otra vez. Es aplicar con profunda atención el pensamiento a la consideración de una cosa, o discurrir sobre los medios de conocerla o conseguirla.

En Salmos 1:1-3 dice: "¡*Cuan bienaventurado es el hombre que no anda en el consejo de los impíos, ni se detiene en el camino de los pecadores, ni se sienta en la silla de los escarnecedores, sino que en la ley del Señor está su deleite, y en su ley medita de día y de noche! Será como árbol plantado junto a corrientes de agua que da su fruto a su tiempo, y su hoja no se marchita; en todo lo que hace, prospera*". Hacemos esto cuando sacamos tiempo para leerla (Salmos 119:97-105; 1 Tim. 4:13-15) hablamos de lo que hemos leído (Josué 1:8) la oímos una vez más (Rom. 10:17) la ponemos en nuestros corazones (Juan 6:63; Salmos 119:11; Fil. 4:8) y comenzamos a vivirla en nuestra vida diaria.

RECIBIENDO LA PALABRA

Una vez meditamos en la Palabra de Dios entonces tenemos

que recibirla en nuestros corazones. En Santiago 1:21 nos dice, "Por lo cual, desechando toda inmundicia y todo resto de malicia, recibid con humildad la palabra implantada, que es poderosa para salvar vuestras almas". Es decir que cuando meditamos en la palabra y la ponemos en nuestros corazones, tenemos que recibirla con humildad. Esto es necesario porque la tendencia nuestra muchas veces es de recibir solo lo que nos conviene o lo que no requiera cambios en nuestras vidas. Tendemos a humanizar la palabra removiendo así su poder y limitamos nuestra respuesta a dicha palabra por el esfuerzo que esta requiere. No es lo que queremos escuchar. Por lo tanto, recibir la palabra es parte de someter nuestra carne, nuestra mente, nuestro intelecto y nuestra voluntad a lo que la palabra nos exige que hagamos permitiendo que esta opere el cambio que se necesite hacer de manera que cada día somos transformados a la imagen de Cristo.

HACIENDO LO QUE LA PALABRA DICE

Por último, una vez deseamos, oímos, meditamos y recibimos la palabra, entonces tenemos que ser hacedores de la misma. En Santiago 1:22 nos dice; *"Sed hacedores de la palabra y no solamente oidores que se engañan a sí mismos"*.

También en Josué 1:8 dice; *"Este libro de la ley no se apartará de tu boca, sino que meditarás en él día y noche, para que cuides de hacer todo lo que en él está escrito, porque entonces harás prosperar tu camino y tendrás éxito"*. Estos versos nos afirman que el meditar solamente y oír solamente no es suficiente. Tenemos que cuidarnos de hacer lo que está escrito. He aquí el éxito del creyente que se ajusta a vivir conforme a la Palabra de Dios. Es imposible que esperemos bendiciones de Dios y resultados positivos sino aplicamos y ponemos en práctica los principios bíblicos que permiten el flujo de dichas bendiciones. No es posible esperar resultados sin primeramente aplicar el principio que produce dichos resultados. He aquí la diferencia entre un creyente que está disfrutando de una vida abundante en Dios y el creyente que vive una vida de derrota siendo acosada constantemente por el enemigo sin experimentar victoria en su vida.

RELACIONES

La tercera medida de precaución o prevención espiritual es lo que la Biblia llama la comunión de los santos. En el libro de Colosenses 3:16 dice; *"Que la palabra de Cristo habite en abundancia en vosotros, con toda sabiduría enseñándoos y amonestándoos unos a otros con salmos, himnos y canciones espirituales, cantando a Dios con acción de gracias en vuestros corazones"*. Cuando las cosas nos van bien y no hay adversidades, se nos hace fácil el reunirnos con los hermanos y compartir lo que Dios nos ha dado. Pero muchas veces, cuando las cosas están apretadas, las adversidades vienen o a veces nos encontramos con problemas de debilidad de carácter, tratamos de esconderlo y cuando ya no podemos más, nos encerramos y en vez de acudir a la iglesia, nos separamos de ella. Desde luego, entiendo que hay iglesias que no ofrecen la seguridad y confianza necesaria para que podamos revelar nuestras debilidades de modo que se unan a nosotros en oración y nos ayuden en los momentos difíciles de nuestras vidas.

Al contrario, están prontos a escuchar donde estamos débiles para así acusarnos, condenarnos, enviarnos al infierno y lo que es peor, regar por toda la congregación, y de ser posible por la comunidad, lo que le hemos confiado. Es por eso que vemos muchos hermanos que están teniendo batallas personales fuertes que no han podido vencer en cuanto a su carácter, sus motivos o sus actitudes. Pero no tienen la confianza de compartir esas cosas con nadie pues temen que esto va a traer más problemas que resolver el suyo. La realidad del caso es que en muchos casos sus temores tienen base histórica para pensar de esa manera. Así encontramos muchos creyentes y aun pastores que no tienen verdaderos amigos de confianza o intimidad con quien ellos puedan manifestar lo que son sin sentirse temerosos de ser motivo de chismes. No tienen personas a quienes puedan dar rendimiento de cuentas, con quienes puedan velar el uno por el otro de modo que sean lo suficientes honestos para confesar sus pecados y aceptar la amonestación de sus compañeros.

Se dice que en los bares o cantinas hay más comunidad de confianza que en muchas iglesias. Es por eso que se prestan para que la gente pase horas allí consumiendo sus pesares en el uso del alcohol, pero confiados que pueden compartirlos con sus "compañeros" de miserias. Un oído que pueda escuchar, un corazón que pueda simpatizar, un amigo que con amor pueda hacernos realizar el peligro con amonestación del Señor y que esté dispuesto a estar ahí con uno aun cuando cometemos errores. No para condenarnos y dejarnos saber lo que hemos hecho malo sino para procurar levantarnos de donde estamos y ayudarnos a comenzar de nuevo de ser necesario. La verdad del caso es que muchas de las personas que han caído, si investigamos su vida antes de haber caído encontraremos que eran personas que respondían al dolor de muchos pero no tenían a nadie a quien confiar sus dolores. Delante de los demás se mostraban como personas fuertes pero aguantando sus luchas internas de los ataques que constantemente reciben del enemigo, hasta debilitarlo de tal forma que cuando caemos en cuenta, han caído.

Necesitamos más Bernabé en nuestras iglesias y que haya una atmósfera de amor, aceptación y perdón donde cada creyente se sienta seguro que está en un lugar donde no va a ser juzgado pero ayudado, no va a ser condenado pero salvado, no se le recordará el pasado sino se le mostrará el futuro que

Dios ha determinado para ellos. Cuando un creyente cae en pecado, no debe ser motivo de gozo, ni de acusación o condenación, ni de rechazo, ni de crítica, sino un momento de reflexión, oración y llanto pues uno de los nuestros ha caído. Es momento de evaluar la situación y hacer lo posible para restaurarle tan pronto como nos sea posible. Yo sé que esto no es siempre posible pues depende de la decisión que tome la persona en cuestión, pero es importante que ellos puedan reconocer que somos una iglesia dispuesta a darle la mano y sacarle del atolladero tan pronto como sea posible.

Además del aceptar nuestras debilidades y ayudarnos a ser fortalecidos en el Señor, también necesitamos establecer relaciones con personas que no teman reconocer que somos diferentes y estén dispuestos a aceptar la diversidad que existe. Me refiero a la habilidad de estar de acuerdo de que hay desacuerdos pero no permitir que los desacuerdos afecten nuestra amistad, ni nos impida el poder adorar a Cristo juntos en armonía.

El apóstol Pablo exhortando a los Romanos les decía: *"Aceptad al débil en la fe, pero no para juzgar sus opiniones...Por consiguiente, ya no nos juzguemos los unos a los otros, sino más bien decidid esto: no poner obstáculo o piedra de tropiezo al hermano...Así que procuremos lo que contribuye a la paz y a la edificación mutua"*. (Romanos 14:1,13,19)

Yo entiendo que el apóstol Pablo escribió esto referente a las diferencias en cuanto que comer o no comer, pero el principio es aplicable para toda clase de diferencias que no son relevantes al mensaje de Cristo pero que muchas veces reflejan nuestros valores personales y queremos reafirmarlos diciendo que es lo que Dios quiere de nosotros cuando en realidad es lo que nos gusta o no nos gusta. Nos ofendemos y decimos que Dios está ofendido. Nos enojamos y decimos que Dios está enojado. Es un peligro el humanizar a Dios de modo que tratemos de acomodar a Dios a nuestros gustos y así encadenar a otros con nuestras expectaciones irrealistas la cual Dios no tiene ninguna parte en ello.

También tenemos que reconocer los niveles de fe y crecimiento espiritual en que cada creyente se encuentra. El Camino del evangelio es una jornada que cada persona que viene a Cristo debe tomar. Dios se va revelando a uno de acuerdo a donde nos encontremos en nuestras jornadas la cual es distinta para cada individuo. Hay cosas que él nos revela que no se lo ha revelado a otros. Hay habilidades que Dios nos da que no se las da a otros. La tendencia que tenemos es que cuando recibimos una revelación de parte de Dios, nuestro deseo es el compartirlo. No hay nada malo en esto. Donde fallamos es cuando comenzamos a exigir a otros lo que Dios nos ha exigido a nosotros pues es a nosotros que nos ha dado tal revelación y no a otros.

¿Por qué Dios hace esto así? Él lo hace para que nos necesitemos el uno del otro y podamos hacer uso de lo que él nos revela para Su gloria y honor. Él lo hace así para que mantengamos un espíritu de ser enseñados de modo que aceptemos el aprender el uno del otro. No importa los años que tengamos sirviendo a Cristo, no podemos ignorar la enseñanza que el otro hermano pueda ofrecernos aunque ese hermano no se compare en tiempo de servicio o en edad cronológica. Todos podemos aprender el uno del otro y así mantener la unidad del Espíritu en el vínculo de la paz. Una cosa no puede estar en desacuerdo y es que Cristo es Señor en nuestras vidas y le permitimos que establezca Su dirección en ellas.

En el Capítulo 15 de la Epístola a los Romanos hay algunas instrucciones para los fuertes en el Señor. Comenzando en el verso 1, el apóstol Pablo exhorta a los fuertes a "...*sobrellevar las flaquezas de los débiles y no agradarnos a nosotros mismos*". Luego el explica lo que el quiere decir con eso de la siguiente manera: *"Y que el Dios de la paciencia y del consuelo os conceda tener el mismo sentir los unos para con los otros conforme a Cristo Jesús, para que unánimes, a una voz, glorifiquéis al Dios y Padre de nuestro Señor Jesucristo. Por tanto, aceptaos los unos a los otros, como también Cristo nos aceptó para gloria de Dios"*. (Rom. 15:5-7)

En otras palabras, cuando procuramos la comunión entre los creyentes, se forma una voz que glorifica a Dios y derrota al enemigo. ¿Cómo se logra esa comunión? Soportándonos, consolándonos, exhortándonos, orando y amándonos unos a otros. Es esencial que aquellos que son fuertes procuren a los débiles para fortalecerlos en la palabra. No para criticarlos y humillarlos sino para ayudarlos a crecer en el Señor.

Habiendo dicho lo anterior, tenemos que aclarar que nuestra responsabilidad no se detiene en ayudar a los débiles solamente. Cuando hablamos de las relaciones como medida para prevenir el caer, tenemos que verlo de modo vertical y horizontal. Debemos compartir con hermanos que están más o menos en el mismo nivel en que estamos para que juntos enfrentemos las luchas y podamos vencer.

Necesitamos ayudar a los que son más débiles que nosotros para levantarlos de modo que ellos puedan también vencer en sus luchas. Nuestra experiencia les ayudará en su fe de que ellos también podrán tener éxito, pues Dios nos ha ayudado hasta aquí siendo que ya hemos pasado por dichas experiencias. Al mismo tiempo necesitamos compartir con los fuertes, es decir, aquellos que son más fuertes que nosotros para recibir sus experiencias y sabiduría de modo que extraigamos de ellos lo necesario para nosotros seguir creciendo y a la misma vez ayudar a aquellos que necesitan de nosotros para ellos crecer.

EL MENSAJE DE LA CRUZ

¿Se ha fijado usted de la forma de la cruz? Ésta consiste de dos pedazos de madera que se cruzan. Uno de ellos va horizontal y el otro vertical. Cuando oramos por lo débiles, los procuramos, les proveemos de fina e intensiva educación bíblica y los envolvemos en una constante adoración a Dios conforme a lo escrito en la Palabra. Estamos formando en ese individuo el pedazo de madera vertical que fortalecerá su relación con Dios. Cuando soportamos, consolamos, exhortamos, oramos, y amamos manteniendo ese espíritu entre todos los que tienen a Cristo como el centro de sus vidas, formamos el pedazo de madera horizontal que nos permite extender nuestros brazos en expresión de amor, tal como Cristo pudo hacerlo en aquella cruz. En la oración intercesora de Cristo en Juan 17 vemos que lo que predomina en dicha oración es una cosa: que seamos uno como él y el Padre son uno. Si procuramos que esto se mantenga en nuestras iglesias, les aseguro que será muy difícil que alguien se aparte del Camino.

REFLEXIÓN

1. Hay sucesos en la vida que ocurren sin poder evitarlos. Asuntos de la vida. Pero muchos de esos sucesos podrían ser evitados si la iglesia anticipa y actúa proactivamente. ¿Qué actividades de prevención existe en la iglesia para que sus miembros se mantengan conectados con Cristo y no descarriarse?

2. ¿Cómo afecta la oración diaria tanto individual como corporal como medida de prevención para que ninguna persona se aparte del camino?

3. Describa algunas actividades que la iglesia puede ofrecer para ocupar sus miembros en la lectura y estudio diario de la Palabra de Dios.

4. ¿Cree usted que la costumbre de estudiar diariamente la palabra de Dios puede afectar positivamente a una persona evitando que se aparte del camino? ¿Por qué sí? O ¿Por qué no?

5. ¿Cuán importante es para usted que las personas se mantengan en relación activa con otros creyentes?

6. ¿Qué consejo daría usted a un creyente que usted ve que se está alejando del camino? ¿Cómo usted cree que podría ayudarle de modo que se anime a seguir sirviendo al Señor con más fuerza

CONCLUSIÓN

"El Señor...no quiere que nadie perezca, sino que todos vengan al arrepentimiento". – 2 Pedro 3:9

Mensaje Para el Descarriado

En el libro El Aposento Alto, en la versión en inglés, se escribió una anécdota que dice de la siguiente manera:

"Un viento fuerte de verano vino de pronto y derribó mi preciosa planta de Gardenia que tenía en el balcón que queda hacia el patio trasero de nuestra casa. ¡Oh no! Yo gemí temiendo por la vida de la planta. La rama más grande se había partido y era la que había echado muchos capullos. La anticipación de oler la deleitosa fragancia de las flores me había emocionado. Inmediatamente deshojé una docena de retoños que cogí del ramo partido y los planté en unos tiestos llenos de arena gruesa. Entonces, cubrí los tiestos con bolsos plásticos y los puse en un lugar donde les diera el sol deseando que se salvara al menos algunas ramitas. Para mi deleite, cada uno de ellos echó raíces. Mi Gardenia suplió 12 veces más, permitiéndome compartir preciosas y amantes plantas con mis amistades. Aún la planta que se había partido, produjo fragantes flores blancas más grandes que nunca".

Reflexionando en ese incidente, pude notar que Dios puede tomarnos en sus manos, curarnos de nuestras ruinas y hacernos fructíferos. Hay ocasiones en que mientras mayor es la ruina, mayor y más fructífera es la sanidad. Una fractura pequeña en la planta de Gardenia, hubiese producido una sola planta, pero aquel tallo, grandemente arruinado, produjo doce más.

Yo desconozco los motivos de su decisión de separarse del Camino de salvación. No deseo que piense que no hubo razones válidas que lo llevaron a tomar tal decisión. Aunque yo supiera los motivos y pensara que no son válidos, tengo que admitir que para usted tienen validez y respeto su opinión. Es posible que usted esté de acuerdo conmigo. Después de lo ocurrido, usted se ha dado cuenta que fue un error y que no debió haber hecho lo que hizo. No obstante, sea cual sea la razón, lo importante en estos momentos es que usted entienda que Dios aun le ama y cual Padre que espera por su hijo pródigo que regrese al hogar, él está esperando por usted también. Él dice: *"Venid ahora, y razonemos – dice el Señor – aunque vuestros pecado sean como la grana, como la nieve serán emblanquecidos; aunque sean rojos como el carmesí, como blanca lana quedarán".* (Isaías 1:18)

Es decir, que Dios está dispuesto a comenzar un nuevo capítulo en tu vida. Lo que pasó ya pasó y nada podemos cambiar. Pero Dios no está interesado en tu pasado sino en tu presente. No vale la pena estar sin Dios en tu vida. Yo te invito a que nuevamente des ese paso de fe. No tengas temor de que vayas a fallar nuevamente. Si pones tu confianza en tus habilidades, es de seguro que no podrás permanecer, pero si pones tu confianza en aquél que murió en la cruz del calvario por ti y mantienes tu mirada en Él, no hay duda que nada te apartará del su eterno amor. La Biblia nos dice: *"Y Aquél que es poderoso para guardarnos sin caída y para presentaros sin mancha en presencia de su gloria con gran alegría".* (Judas 1:24)

Tu separación del camino ha traído tristeza al corazón de Dios. De seguro que tú regreso traerá mucha alegría a su corazón porque es su deseo que seas bendecido y libre. El paso es sencillo. Puede que aun te acuerdes. Primero, reconoce que eres un pecador. (Rom. 3:16) Luego, acepta que solo Jesús puede librarte de la condenación del pecado. (Juan 3:16) Entonces, haz una oración arrepintiéndote de corazón de todos tus pecados (Hechos 2:38), confiesa a Jesús creyendo en su nombre (Rom. 10:9,10) y recibe la salvación por fe. Lee el Salmo 51. Este fue escrito por un descarriado también. Haz esas palabras tuyas y verás que Dios te visitará transformando tu vida completamente. El Señor te está mirando compasivo y te pregunta, *"¿Dónde están ellos? ¿Ninguno te ha condenado? Yo tampoco te condeno. Vete; desde ahora no peques más"*. (Juan 8:10,11)

Si estas listo para regresar y recibir el amor que Dios tiene para ti, te invito a que hagas esta oración:

Señor Jesús, he pecado contra el cielo y contra ti. Entiendo que aun me amas. Vuelvo a ti, acudo a tu gracia y misericordia. Perdoname. Estoy dispuesto (dispuesta) a continuar en tus caminos de hoy en adelante. Gracias por recibirme con los brazos abiertos. Gracias por tu perdón y amor. Amen.

APENDICE

Descarriados

Bosquejo de Estudio Bíblico

Por Diane S. Dew
Traducido y Adaptado por Joaquín Ramos

I. **El significado de la Palabra**
En las escrituras, el término "descarriar" es usado para describir la obstinación de Israel: como hijos infieles (Jeremías 3:22), la hija infiel (Jeremías 31:22), y una novilla indómita (Oseas 4:16). La palabra "descarriar" literalmente significa "regresar" o "volver atrás".
A. Retirarse de Dios 1 Reyes 11:9
B. Retirarse del nuestro primer amor
Apocalipsis 2:4
C. Abandonar el evangelio Gálatas 1:6,7; 3:1-5
D. Apartarse para seguir a Satanás 1 Timoteo 5:15
E. Apartarse para hacer el mal Salmos 125: 5
F. Apartarse para amar el mundo 2 Timoteo 4:10

II. **Nuestra Responsabilidad Hacia el Descarriado**
Aunque la guerra espiritual del rebaño de Dios es la responsabilidad primaria del pastor, cada creyente debe tener una carga por el descarriado.
A. Somos guardianes de nuestros hermanos. Génesis 4:9
B. Debemos llevar las cargas los unos a los otros. Gálatas 6:2
C. Pablo dice que debemos de exhortarnos el uno al

otro diariamente. Hebreos 10:25

D. Debemos orar regularmente por nuestro hermano. Salmos 80:3; 85:4; Jeremías 13:17; Lamentaciones 5:2; Lucas 22:31,32

E. Debemos confrontar y corregir cada uno en amor (aun si nuestras palabras son rechazadas) Ezequiel 3:19,21; Oseas 8:1; Gálatas 6:1; 1 Timoteo 4:6; Hebreos 3:12,13

F. Se espera una recompensa para aquellos que rescaten un alma caída. Santiago 5:20

    i. Al intentar el traer un descarriado debemos estar seguros que nosotros mismos estemos fuertes suficientes en la fe para permanecer asegurados y que no vayamos a caer nosotros también. Gálatas 6:1

    ii. Aquellos que se apartan de Dios tienden a llevarse consigo a otros. Proverbios 28:10; Mateo 18:6; 1 Corintios 15:33

    iii. Por lo tanto, nosotros exhortamos específicamente a que evitemos a aquellos que han endurecido sus corazones completamente por medio del pecado. Proverbios 28:14; 1 Corintios 5:9-11; Colosenses 1:21-23; Judas 1:22,23

    iv. Nuestras actitudes hacia ellos, sin embargo, debe ser una de misericordia. 2 Tesalonicenses 3:6,15

III. **Las Causas de Descarriarse.**
A. Malas Relaciones (Oseas 4:17)

    i. Casamiento con incrédulos. Josué 23:12,13; 1 Reyes 11:4; Nehemías 13:26; 2 Corintios 6:14

    ii. Malas amistades. 1 Corintios 15:33; 1 Pedro 4:2-4

   iii. Falta de Compañerismo; Aislamiento. Hebreos 3:12,13; 10:25

   iv. Defraudación sexual en el matrimonio. 1 Corintios 7:5

   v. Divisiones, argumentos. Mateo 18:35; 1 Timoteo 6:20,21; 2 Corintios 12:20,21

   vi. Celos, envidias, odio. Mateo 5:23,24; Gálatas 5:15

  vii. Adulterio. Proverbios 29:3; Santiago 4:4

B. Falta de Espiritualidad

    i. Herejía, filosofía. Hechos 20:30; 2 Corintios 11:4; Gálatas 1:6-9; 3:1; 4:9-11: 5:7-10; Colosenses 2:8; 1 Timoteo 6:10; 2 Timoteo 4:3-5: 1 Juan 1:19; Judas 1:4

   ii. Enseñanza inadecuada, fundamento pobre. Oseas 4:6; 1 Corintios 3:1-3; Marcos 4:17; Hebreos 5:11-14

  iii. Liderazgo pobre o falta de liderazgo o una superdependencia de ellos. Éxodo 32:1-6; Jueces 2:19; Isaías 9:16; Jercmías 5.5; 23; 10:20,21; 50:6; Nahum 3:18; Zacarías 13:7; Ezequiel 34:1-21; Juan 10:12,13

   iv. Negligencia a una vida de oración. Sofonías 1:6; Marcos 14:37-41; Lucas 18:1; Santiago 4:2

   v. Apatía espiritual. Proverbios 6:10; 24:33; 10:5; 19:15; 20:13; Isaías 51:17; 56:10; Amos 6:1; Sofonías 1:12; Marcos 13:36; Hebreos 4:7; Apocalipsis 3:16; 16:15

   vi. Ceguedad espiritual. 2 Pedro 1:9; Apocalipsis 3:17

     vii. Desobediencia deliberada. Mateo 7:26,27; 1 Juan 2:4; Hebreos 10:26,27; 2 Pedro 2:20,21

     viii. Incredulidad. Salmos 106:24; Santiago 1:6-8

C. Compromiso con el Mundo

Proverbios 26:11; 2 Reyes 17:15; Amos 3:3; Mateo 5:13; Lucas 8:14; 9:62; Romanos 12:2; 1 Timoteo 4:10; Tito 2:12; Santiago 1:27; 4:4; 1 Pedro 4:2-4; 2 Pedro 2:20-22: 1 Juan 2:15-17; Apocalipsis 3:4

     i. Intereses que compiten; compromiso. 2 Reyes 17: 33,41; Salmos 106:34,35; Jeremías 2:31,32; Oseas 2:13; 7:8; 8:14; 10:2; Mateo 6:24; Marcos 4:19; 1 Corintios 10:23; 1 Timoteo 6:10; Santiago 4:8; Apocalipsis 3:15,16

     ii. Ingratitud; independencia de Dios. Deuteronomio 8:10-14; Salmos 107; Amos 6:4-6; Jonás; Jeremías 2:31,32; Oseas 13:6

     iii. Adulterio espiritual; idolatría. Oseas 2:13

D. Actitudes e Intenciones Marcos 7:21

     i. Buscando las alabanzas de los hombres. Juan 5:44; Gálatas 1:10

     ii. Orgullo. Proverbios 16:18; Jeremías 8:12; Oseas 13:6; Lucas 18:11,12; Hechos 12:21-23; 1 Corintios 10:12; Santiago 4:6; 1 Juan 2:16

     iii. Rebelión, corazón endurecido. 1 Samuel 15:11,23; Nehemías 9:17:26; Salmos 106:43; 107; Isaías 1:19,20; 65:2,3; Jeremías 2:27-32: 5:6; Juan 6:66; Hebreos 3:15; Santiago 4:8

    iv. Obstinación. Jueces 2:19; 1 Samuel 12:25; 2 Reyes 17:14,40; Jeremías 5:3; 44:15-17; Oseas 11:7; Zacarías 7:11-13; Jeremías 8:4-7;

    v. Auto-voluntad. Isaías 58:13; Jueces 2:19; Proverbios 14:14; Mateo 6:24

    vi. Sobre-confiado; auto-engaño. Mateo 26:33; Gálatas 5:4; Apocalipsis 3:17

    vii. Falta de perseverancia, temor a la persecución. Salmos 106:13,14; Mateo 13:21; 26:56,69-75; 1 Corintios 10:6

    viii. Lujuria. 2 Samuel 11:13; 12:1-13; Romanos 7:4,5; Efesios 2:3; 2 Pedro 1:4; Santiago 4:1-3: 1 Pedro 2:11; Gálatas 5:16

    ix. Desesperanza, culpa. 1 Timoteo 1:19,20

    x. Murmuración. Éxodo 17:3

IV. Las Consecuencias de Descarriarse
Romanos 8:13; 2 Pedro 2:20-22

A. Inefectividad espiritual y descuido

    x. Descuido de servicio. Hebreos 6:10-12

    xi. Testimonio defectuoso. 2 Samuel 12:14

    xii. Insensibilidad a la Palabra. Ezequiel 33:30-32; Oseas 8:12

    xiii. Mal ejemplo a otros. 2 Samuel 12:14; Proverbios 28:10; Romanos 14:13; 1 Corintios 8:11; 1 Timoteo 4:16; 2 Timoteo 2:17,18; Gálatas 6:1

    xiv. Pérdida del gozo. Salmos 51:12; Jueces 2:15; 10:9; Marcos 14:72

    xv. Falta de temor de Dios. Jeremías 2:19

B. Una brecha en la relación personal de uno con el Señor

    i. Pérdida del sentido de Su presencia.

Números 14:43; 2 Reyes 17:18; Isaías 59:2; Oseas 5:15

   ii. Conciencia cerrada. 1 Timoteo 4:2

   iii. Falta de apreciación por la gracia de Dios. 2 Pedro 1:9

   iv. Desagrado Divino. Salmos 78:57,59

   v. La ira de Dios. Éxodo 20:5; 34:14; Josué 23:16; 22:18; Salmos 78:57-59; 106:40; Zacarías 7:12

   vi. Entristeciendo al Espíritu Santo. Isaías 63:10; Efesios 4:30; Santiago 4:5

C. Oraciones no contestadas Santiago 4:1-3: Isaías 59:2

   i. Derrota. Número 14:43; Jueces 2:14, 21,23; 2 Crónicas 24:24; 25:27; Salmos 106:41-43

   ii. Peligro. Josué 24:20; Deuteronomio 4:25,26; 8:19; Proverbios 1:32; Jeremías 5:6

   iii. Enfermedad Deuteronomio. 28:58-61; Éxodo 8:2,21; 9:3; 10:4

   iv. Muerte o vida acortada. Deuteronomio 30:17-19; 2 Samuel 12:14; 1 Corintios 11:30

   v. Un sentido de desorientación y pérdida. Mateo 5:13; Nehemías 1:8; Isaías 59:2-11: Jeremías 2:19

   vi. Efecto en la familia. 2 Samuel 12:9-12: 2 Reyes 17:41

   vii. Renuncia a las bendiciones de Dios. Malaquías 2:2; Deuteronomio 11:28; 28:15

   viii. Indigno. Lucas 9:62

D. Pérdida de posición

     i. Pérdida de comunión. 1 Juan 1:7

     ii. Remoción de una posición de servicio. 1 Corintios 5:5; 11:30; 1 Samuel 15:11, 26-28

V. Recobrando de una Condición de Descarrío

A. La búsqueda y exhortación de otros es esencial. Ezequiel 3:19,21; Juan 8:32; 1 Timoteo 4:6; Gálatas 6:1; Hebreos 10:25; Santiago 5:19,20

B. Sin embargo, el esfuerzo de otros de asistirle no siempre es bienvenido. Jeremías 15:15-17; 32:2,3; 37:15-21: 38:6; Amos 7:12-15; Gálatas 4:16

C. La importancia de la oración, el ayuno y la lectura de la Biblia. 2 Crónicas 7:14; Nehemías 8:8,9; 9:2-3; Jonás 2:1; 3:5,8-10; Mateo 26:41 (Marcos 14:38) Lucas 22:31,32

D. El castigo del Señor (dificultades) en causarnos el desear retornar. Salmos 107:6,12,13,19,27,28;etc.; 119:67; Jeremías 2:19-27; Oseas 2:6; 5:15;6:1; 1 Corintios 11:32; Hebreos 12:6

E. La importancia de la humildad. Proverbios 3:34; Santiago 4:6; 1 Pedro 5:5; Lucas 15:17

F. Reconocimiento de culpa y debilidad. Isaías 59:12-14; Jeremías 14:7; Juan 9:41

G. Arrepentimiento (cambio) y confesión. Isaías 58:9,10; Jeremías7:5-7; Oseas 14:1-3: Efesios 4:22; Colosenses 3:8,9

H. Recordar los días antiguos. Isaías 63:11-14; Apocalipsis 2:5; 3:3

I. Dependencia del Señor. Juan 14:5; Filipenses 4:13

J. Resistencia a la influencias del mundo. Romanos 12:2; Juan 17: 14,16; Filipenses 2:15; Santiago 4:7

VI. Garantías contra el Descarriarse

A. La oración. Marcos 14:38; Lucas 22:46; 1 Corintios 10:12; Efesios 6:18; 1 Pedro 5:8,9; Judas 1:20,21

B. La palabra de Dios. Mateo 8:24-26; Lucas 4:4,8; Efesios 6:17

C. Las oraciones de otros. Lucas 22:31,32

D. Diligencia por las cosas espirituales   Hebreos 6:10-11; 2 Pedro 1:5-7,10

E. Caminar en el Espíritu. Gálatas 5:16; Lucas 4:1-14

F. Abstinencia. 1 Pedro 2:11; Santiago 1:27

G. Vida consagrada. Romanos 6:19-22: 2 Pedro 1:7,8

H. Auto-examinación (buena, hasta cierto punto). Deuteronomio 4:9; 2 Corintios 13:5

I. Sumisión a la disciplina del Señor Hebreos 12:5-8

J. Buena predicación 1 Corintios 15:2

K. Exhortación de otros creyentes Hebreos 10:25; 1 Timoteo 4:6

IV. El Llamado a Retornar

A. Dios ama al descarriado y promete recibir aquellos que vuelven a él con corazón arrepentido. Su deseo es siempre el restaurar. Deuteronomio 4:29; 1 Crónicas 28:9; 2 Crónicas 7:14; 15:2; Nehemías 9:17; Isaías 31:6; Jeremías 3:4-22; 31:20; 36:3; Oseas 6:1; Miqueas 7:18; 1 Juan 1:9

B. Dios lucha con el descarriado (2 Reyes 17:15) y muchas veces el tiene que usar medidas extremas para que regresen. Con gran amor, El usará cualquier cosa – enfermedad, miseria, dolor – para que regresemos. Salmos 107

C. Sin embargo, su paciencia hacia aquellos que "siguen descarriándose" es limitada. Dios se cansa del pecado. Proverbios 24:16; Jeremías 15:6,7; Oseas 11:7; Hebreos 3:10; Jeremías 8:5-12: 14:7-12; 15: 6,7

    i. Algunos tienen la tendencia de descarriarse. Jeremías 8:5-7

    ii. Algunos llegan a ser reprobados – más allá de cualquier oportunidad de arrepentimiento. Isaías 1:5,6; Jeremías 6:30; 15:1; Ezequiel 22:18; Hebreos 6:6; 10:26-29; Apocalipsis 2:4,5,21-23; 3:2,3

    iii. Sin embargo, si ellos rechazan a Dios es porque ellos le han rechazado. Su deseo es siempre que regresen. 2 Crónicas 30:6; Isaías 31:6; Jeremías 3:4-22; Oseas 6:1; 14:4-7

D. El descarriarse desagrada a Dios y le provoca a ira. 2 Reyes 17:11,17,18; Salmos 78:56-59; 106:40; Zacarías 7:12

E. Su intenso deseo por nuestro retorno es presentado en la historia del hijo pródigo, cómo el padre corrió para recibirlo. Lucas 15:20

VIII. Descripciones Metafóricas del Descarriado en las Escrituras

A. Tratando de servir a dos señores. Mateo 6:24

B. Abandonando al Señor. 1 Crónicas 28:9; Jeremías 15:6,7

C. Tomando nuestro propio camino. Jeremías 8:6

D. Dejando nuestro primer amor; infidelidad. Ezequiel capítulos 16 y 23; Oseas 2 y 3;

Apocalipsis 2:4

E. Olvidando a Dios. Jeremías 18:15

F. Cayendo (apostasía). 2 Tesalonicenses 2:3; 2 Timoteo 1:15; 2:17,18; 4:10-16

G. Enfriándose. Mateo 24:12; Apocalipsis 3:16

H. Separándose de la fe. 1 Timoteo 4:1

I. Poniendo la mano en el arado y mirando atrás. Lucas 9:62

J. La sal que ha perdido su sabor. Mateo 5:13

K. Un perro regresando a su vómito. Proverbios 26:11

L. Una rama muerta. Juan 15:6; Hebreos 6:8

M. Una enfermedad (la cual Dios tiene la curación). Isaías 1:5,6; Jeremías 3:22; Oseas 14:4-7

IX. **¿Qué Requiere Dios del Descarriado que Desea Retornar?**

A. Solo reconocer su iniquidad. Jeremías 3:13,14

B. Cambiar sus caminos. Job 22:23; Salmos 51: 3,4; Isaías 1:16-20

X. **Descarriados en las Escrituras**

A. Salomón. 1 Reyes 11:4,9; Nehemías 13:26

B. David. 2 Samuel 11:13; 12:1-13

C. Saúl. 1 Samuel 15:11, 26-28

D. Amón. 2 Reyes 21:22,23

E. Roboam. 2 Crónicas 12:1,2

F. Asa. 2 Crónicas 16:7-9

G. Joás. 2 Crónicas 24:24

H. Amasías. 2 Crónicas 25:27

I. Los Sirios. Isaías 17:10,11

J. Jonás. Jonás 1:3

K. Los hijos de Israel. Exodo 32:8; Nehemías 9:26; Jeremías 3:11; Oseas 4:6

L. Los discípulos de Jesús. Mateo 26:56; Juan 6:66

M. Pedro. Mateo 26:70-75; Marcos 14:72; Lucas 22:31,32

N. Tomás. Juan 20:27-29

O. La iglesia primitiva. 1 Timoteo 1:18-20; 5:15; 2 Timoteo 1:15; 2:17,18; 4:10-16

P. La iglesia de Corintios. 1 Corintios 5:1-8; 2 Corintios 12:20,21

Q. La iglesia de los gálatas. Gálatas 1:6; 3:1; 4:9-11: 5:6,7

R. Himeneos y Alejandro. 1 Timoteo 1:19,20

S. Figelo y Hermógenes. 2 Timoteo 1:15

T. Demas. 2 Timoteo 4:10

U. Las iglesias de Asia. 1 Timoteo 5:15; Apocalipsis 2:4, 14,15,20; 3:2,3,5-18

XI ¿Deberán Arrepentirse los Creyentes?

A. (Larousse, 1980) La diferencia primaria entre el justo y el impío es que "el justo se levanta cuando cae. Proverbios 24:16

B. Las iglesias en el Apocalipsis cayeron y fueron exhortadas a que se arrepintieran. Apocalipsis 2:5,16; 3:3,19

C. Las escrituras – escritas por creyentes – repetidamente nos adviterte en contra del caer. Salmos 85:8; Mateo 24:42; 25:5,10; 24:44; Marcos 13:33-37; Lucas 12:40; 21:34,36; 1 Corintios 10:12; Filipenses 4:5; Hebreos 10:25; Santiago 5:8,9; 1 Tesalonicenses 5:4,6; 1 Pedro 4:7; 2 Pedro 3:11,14; Apocalipsis 2:25; 3:11;16:15

D. Dios puede retirar su presencia para lograr a que regresemos a él, pero él nunca abandona a los suyos.

    i. El aun llama a los descarriados sus "hijos". Jeremías 3:14

    ii. El aun los llama "su pueblo". Salmos 106:40; Ezequiel 37:23b

E. Sin embargo, la iniciativa de regresar es de nosotros. Malaquías 3:7; Jeremías 3:12-14,22; Oseas 6:1; 10:12; 2 Crónicas 30:9; Jeremías 4:1

BIBLIOGRAFÍA

Boom C. T, Sherill &. Sherill (1999). *El Refugio Secreto.* Miami, FL: Editorial Vida.

Botesch, S. (2008). *The Broken American Male and How to Fix Him.* New York: St. Martin Press.

Chand S. R.; Bronner D. C. (2008). *Planning Your Succession.* Highland Park, Illinois: Mall Publishing.

Cordeiro, W. (2012). *Jesus Pure and Simple.* Bloomington, MN: Bethany House Publisher

Damazio, F. (2002). *The Power of Spiritual Alignment.* Portland OR: City Bible Publishing.

Dew, D. S. (1991). *The Backslider in Heart Backsliding: A Study of Scriptures.* www.dianedew.com/backsldg.htm

Hayford, Jack W., General Editor, *Biblia Plenitud,* (Nashville, TN: Editorial Caribe) 2000, c1994.

Larousse, (1980). *El Pequeño Larousse Ilustrado,* (Mexico, Laroussee)

Scofield, C. (1966). *Biblia Anotada de Scofield.* Waukesha WI: Spanish Publications Inc.

Stanley, A. (2012). *Deep & Wide.* Grand Rapid, MI: Zondervan publishing Co.

Vine, W.E., *Vine Diccionario Expositivo de Palabras del Antiguo y del Nuevo*
Testamento Exhaustivo, (Nashville: Editorial Caribe) 2000, c1999.

Unknown (n.d.). *El Aposento Alto*. Devocional.Nashville, TN: The Upper Room Publisher.

Wiersbe, Warren W., *Bosquejos Expositivos de la Biblia, AT y NT*, (Nashville, TN: Editorial Caribe Inc.) 2000, c1995

Yancey, P. (2002). *What's so Amazing About Grace?* Grand Rapid MI: Zondervan Publishing Co.

Biblias

La Biblia de las Americas, (1991-2001) The Lockman Foundation; La Habra, CA

Nueva Biblia Latinoamericana de Hoy, (2005) The Lockman Foundation; La Habra, CA

AGRADECIMIENTOS:

En nuestras vidas Dios siempre pone delante de nosotros a hombres y/o mujeres con sabiduría y entendimiento. Estos son oportunidades divinas que Dios nos da para moldearnos a Su imagen. Una de esas personas la cual yo estoy por siempre agradecido es mi amado pastor Dave Minton. El hizo su misión personal el de ayudarme a tener éxito en mi ministerio y después de varios años bajo su dirección, él me ha ayudado como nunca me imaginé. ¡Gracias Pastor Dave!

También estoy agradecido grandemente por el Dr. Don R. Bryan quien me tomo bajo su mentoria y me ha ayudado tremendamente en el desarrollo de mi ministerio. Él es una inspiración para mi vida. ¡Muchas gracias!

En la publicación de este libro Dios puso en mi camino varias personas que me ayudaron y animaron a lograr este proyecto. Primeramente deseo agradecer a Dr. Bill Wilkinson. Cada vez que me introducía a la clase de preparación para orar en el altar, decía, "el hermano que tiene un libro pero no lo ha publicado". Hno. Bill, ya puede decir que está publicado. Gracias por su ánimo. Mi hija querida Esther Ramos fue el contacto con la casa publicadora y la que también me animo a publicar el libro. Muchas gracias Esther.

María Sierra-Miles, quien hizo una revisión excelente del libro y mi hermana, Loida Ramos de Avilés que saco de su tiempo para dar una segunda mirada al libro y asegurar que la gramática estaba correcta. Gracias María; gracias Loida, por tan arduo trabajo.

Finalmente, quiero dar las gracias a la Casa Publicadora y

especialmente Krista Dunk y Debbie McClain quienes tomaron el riesgo de publicar este libro en español. Gracias por creer en mí y darme la oportunidad de llevar este mensaje de compasión y amor hacia los descarriados.

SOBRE EL AUTOR:

Joaquín Ramos está casado con Naomi Ramos y vive en Lacey, WA. Él es el padre de tres hijos, Esther, Benjamín and Daniel y abuelo de Josiah. Él es pastor, maestro, mentor, motivador, plantador de iglesia, líder de pastores y entrenador. Él es un ministro ordenado con Las Iglesias de la Biblia Abierta. La pasión de Joaquín es ver a hombres y mujeres abrazar el llamado de Dios en sus vidas y ayudarlos a lograrlo para la Gloria de Dios. Junto a esa pasión está la de cantar en adoración a su Señor Jesucristo.

NOTAS:

NOTAS:

Por Segunda Vez ha sido publicado con orgullo por:

Creative Force Press
Guiding Aspiring Authors to Release Their Dream

www.CreativeForcePress.com

¿Tienes un Libro en ti?

www.ingramcontent.com/pod-product-compliance
Lightning Source LLC
Chambersburg PA
CBHW071755090426
42737CB00012B/1834